Desirée und Daniel Tischner

WENIG WORK, VIEL TRAVEL

Ein Jahr quer durch Kanada

IMPRESSUM
WENIG WORK, VIEL TRAVEL
Ein Jahr quer durch Kanada
Desirée und Daniel Tischner

Bibliografische Information der Deutschen Bibliothek
Die Deutsche Bibliothek verzeichnet diese Publikation in der deutschen Nationalbibliografie.
Detaillierte bibliografische Daten sind im Internet über http://dnb.ddb.de abrufbar

Redaktion und Lektorat: Christine Walter

Gedruckt und gebunden:
Werbedruck GmbH Horst Schreckhase I Dörnbach 22 I 34286 Spangenberg
www.schreckhase.de

Bildnachweis:
Alle Fotos stammen von Desirée und Daniel Tischner

ISBN: 978-3-944921-48-8
Hergestellt in Deutschland

www.360grad-medien.de

Desirée und Daniel Tischner

WENIG WORK, VIEL TRAVEL

Ein Jahr quer durch Kanada

360° medien
mettmann

Wieso, weshalb, warum und wer wir eigentlich sind

Dieses Buch berichtet von unserem bisher größten Abenteuer, einer einjährigen Reise durch Kanada, zu der wir wahnwitziger Weise (oder auch nicht) mitten aus unserem so seriösen, arbeitnehmenden und gemütlichen Dreißigerleben heraus aufgebrochen sind. Das Vorhaben schlich sich langsam und fast unbewusst in unsere Köpfe, reifte über einige emotionale Debatten und wurde dann schließlich spontan innerhalb eines Tages beschlossen. Verschiedene Faktoren gaben am Ende den Ausschlag, dass Komfortzonenliebhaber Daniel dem ausdauernden Werben der latent fernwehmütigen Desi nachgab und nach einigem Grübeln das finale „Wir machen's!" hervorbrachte. Die noch nicht nach Wunsch verlaufene Familienplanung, Unzufriedenheit am Arbeitsplatz, der Wunsch nach einem Tapetenwechsel, und vor allem auch die Feststellung, dass DAS doch jetzt im Leben noch nicht alles gewesen sein kann - es stand fest: Wir wollten ein Jahr lang die Verpflichtungen, die unser Alltag für gewöhnlich so mit sich bringt, hinter uns lassen, wir wollten frei sein und reisen und an all den Orten länger verweilen, an denen es uns gut gefällt. Wir wollten von Tag zu Tag entscheiden, was wir machen, wo wir hinwollen und uns mal nur nach unserem eigenen Rhythmus richten. Neues probieren, erleben und ganz bewusst im Hier und Jetzt leben!

Sicherlich stellt sich nun manch Einem die Frage, weshalb unsere Wahl hinsichtlich des Reiseziels auf Kanada gefallen ist, wo doch Weltreisen eigentlich geradezu prädestiniert sind für Aussteiger auf Zeit, wie wir es werden wollten. Nun, zum einen haben wir beide jeweils eine schon länger bestehende Verbindung zu diesem riesigen Land, geprägt durch Familienurlaube in Desis Kindheit und familiärer Bande bei Daniel, und haben darüber hinaus auch schon bei zwei gemeinsamen Urlaubsreisen festgestellt, dass man eigentlich viel mehr Zeit benötigt, um all die verschiedenen Facetten des Landes kennen zu lernen, oder zumindest ein paar mehr, als es eine zweiwöchige Reise zulässt. Zum anderen ist Kanada das einzige Land, in dem man auch als Über-Dreißigjähriger noch ein „Work&Travel"-Visum beantragen kann (bis 35 Jahre, um genau zu sein) und wir wollten die Möglichkeit haben, Geld zu verdienen, sollten uns die Ersparnisse ausgehen oder uns gar langweilig werden. Vor allem darf man mit dem Visum aber auch ein ganzes Jahr lang im Land bleiben, als Tourist dagegen nur sechs Monate. Für uns stand daher von Anfang an fest, dass es sich, wenn wir denn so eine Auszeit ernsthaft in Betracht ziehen, nur um ein „Kanadajahr" handeln kann. Die unglaubliche Größe und Weite des Landes, der unvergleichlich gelassene „Canadian Way of Life" und die atemberaubenden Naturschönheiten, all das war es, was wir am eigenen Leib erfahren wollten.

Als wir dann relativ schnell unsere Familien und Freunde über diese Pläne informierten, hätten die Reaktionen unterschiedlicher nicht ausfallen können. Von fast ekstatischer Begeisterung (insbesondere von Leuten, die so eine Erfahrung schon selbst einmal gemacht haben) bis hin zu sorgenvoll eingetrübten Mienen an der Grenze zum Unverständnis war jede Gefühlsregung vertreten. Wie oft mussten wir in den Monaten vor der Abreise erläutern, was wir vorhaben, und, was scheinbar noch viel wichtiger für die meisten war, was wir mit unseren Jobs, unserer Mietwohnung und unseren Autos machen und wie das denn dann alles nach unserer Rückkehr werden soll. Wobei, diesbezüglich war da ja noch die große Angst, dass wir gar nicht mehr wiederkommen, dass wir für immer auswandern. Auch hier mussten wir viel Überzeugungs- und Erklärungsarbeit leisten. Wir wurden damit konfrontiert, wie ungewöhnlich es für Außenstehende sein kann, dass man, obwohl mit beiden Beinen fest im (Berufs-)Leben stehend und mit wundervollen Familien und Freunden gesegnet, einfach mal ausbrechen will, um dem Leben und der Welt mehr, oder zumindest andere Seiten, zu entlocken. Akzeptiert werden Auslandsaufenthalte dieser Art bei Abiturienten, Studenten oder Schülern, bei Ü-Dreißigern hingegen mutet es ungewöhnlich an und ist von daher für Viele auf Anhieb nicht nachvollziehbar. Doch all die Bedenken, die uns gegenüber geäußert wurden, haben unseren Entschluss nur noch weiter gefestigt – wir wollen nach Kanada!

Außer der mentalen Betreuung unserer Lieben hatten wir in den knapp acht Monaten, die zwischen Entscheidung und Abreise lagen, aber auch noch viele andere Themen auf unserer Agenda: Wo wollen wir starten, was wollen wir alles sehen, wie viel wollen wir vorab schon planen? Als erste Maßnahme wurde ziemlich fix der Flug nach Halifax in Nova Scotia gebucht. Preislich das günstigste Angebot und zudem nur gute sechs Stunden Flugzeit entfernt, perfekt! Und schon war damit auch die Idee geboren, einmal vom Osten Kanadas bis ganz in den wilden Westen zu reisen. Nahezu im gleichen Atemzug zogen wir unsere beruflichen Vorgesetzten, zu denen wir glücklicherweise ein sehr vertrauensvolles Verhältnis pflegten, ins Vertrauen, es musste einfach gleich von der Seele und die weitere Vorgehensweise besprochen werden. Daniel beschloss, sich von seinem Unternehmen, bei dem er seine komplette bisherige Laufbahn verbracht hatte, zu trennen und sich nach der Reise beruflich neu zu orientieren. Desi bekam glücklicherweise das Angebot, ein Jahr unbezahlten Urlaub zu nehmen und hatte so die Möglichkeit, nach unserer Reise an ihren alten Arbeitsplatz zurück zu kehren. Zumindest hinsichtlich unserer finanziellen Absicherung nach dem etwas längeren Urlaub konnten wir unsere Lieben somit schon mal einigermaßen besänftigen.

Als nächster und erster richtig greifbarer Meilenstein nach der Flugbuchung stand uns der Visaprozess bevor. Wir hatten für Kanada, das Land, in dem wir uns überwiegend aufhalten wollten, das Working Holiday Visum beantragt, ge-

Jetzt gehts los!

meinhin unter „Work&Travel“ bekannt. Der Prozess ist eigentlich nicht sehr schwierig, alles läuft online ab, es muss jedoch ein ganzer Wust an Formularen ausgefüllt und verschiedene Dokumente besorgt werden und es müssen mehrere Schritte durchlaufen werden, bis man letztendlich, und wenn alles glatt läuft, das Einladungsschreiben der kanadischen Regierung in den Händen hält. Dieses Work&Travel-Visum ist sehr begehrt, die Plätze begrenzt und es gilt, wer zuerst kommt, mahlt zuerst. Desi, als ausgebildete Planungs- und Reiseexpertin, nahm sich des gesamten Prozesses exzessiv an und so fühlten wir uns wie kleine Lottogewinner, als wir nach langem Bangen Anfang Februar 2014 endlich unseren Invitation Letter ausdrucken konnten, der es uns erlaubte, nach Ankunft in Kanada die Arbeitsgenehmigung zu beantragen. Jetzt wurde auf einmal alles furchtbar ernst und konkret. Eine Reiseversicherung musste her, neues Reisegepäck auch und Schritt für Schritt haben wir unser deutsches Leben zurückgefahren. Die letzten Wochen und Monate bestanden aus weiterer mentaler Betreuung unserer Familien, Vorfreude, Respekt, Probe packen und vor allem daraus, Versicherungen, Telefone, Internet, Fernsehen, Kleiderschränke, Autos, usw. in Deutschland wahlweise zu kündigen, abzumelden, auszumisten oder stillzulegen. Zur Unterstützung unseres strikten finanziellen Sparprogramms wurde außerdem über verschiedene Internetbörsen und regionale Flohmärkte alles nicht Niet- und Nagelfeste aus dem Hausstand verhökert. Unsere Wohnung selbst haben wir nach Abwiegen aller Pros und Kontras jedoch nicht gekündigt oder untervermietet, hauptsächlich, damit wir jederzeit wieder in unserem Nest hätten Zuflucht suchen können, sollte etwas unsere Pläne durchkreuzen. Eine kleine Abschiedsparty wollte natürlich auch noch organisiert werden und ehe wir uns versahen, stand dann auf einmal, nach einigen Tränchen und viel mehr Umarmungen, tatsächlich der 18. Mai 2014 vor der Tür, gemeinsam mit dem Taxi, das uns zum Flughafen bringen sollte ...

An der Küste des Kejimkujik National Park

Erste Schritte in Nova Scotia

(Desirée)

Erste Schritte in Nova Scotia

„Welcome to Canada!" Die kanadische Grenzbeamtin schiebt uns unsere Pässe über den Schalter und wir können unser Glück gar nicht richtig fassen. Wir haben das Working-Holiday-Visum und dürfen uns jetzt ein komplettes Jahr in Kanada aufhalten und dabei sogar ganz legal arbeiten, sofern wir das möchten bzw. müssen. Wie genial ist das, bitte schön? Wir fühlen uns so frei wie selten in unserem Leben, erleichtert und rundum glücklich. Jetzt kann es losgehen!

Gemeinsam mit meinen Eltern, die schon öfter in Nova Scotia waren und wieder Urlaub gebrauchen können, sind wir vor wenigen Stunden in Frankfurt abgeflogen, nachdem wir mit Daniels Familie zum Abschied gemütlich zusammen gefrühstückt hatten. Der Flug war unspektakulär kurz, wir aber natürlich voller Aufregung und Vorfreude, auch wenn diese ganze Geschichte derzeit noch eher wie ein zweiwöchiger Familienurlaub anmutet. Ist es im Prinzip auch, mit dem Unterschied, dass meine Eltern in vierzehn Tagen nach Hause fliegen, wir aber weiterreisen werden. Nach Ankunft am Flughafen in Halifax mussten wir also zunächst bei der Einwanderungsbchörde vorstellig werden. Wir haben uns zwar bekanntlich schon vor einigen Monaten per Onlineverfahren das Einladungsschreiben der Regierung gesichert, das endgültige Visum wird jedoch erst vor Ort erteilt. Die Entscheidung, ob und wie lange wir im Land bleiben dürfen, obliegt also letztendlich der Einwanderungsbehörde. Wir legten ganz brav der Grenzbeamtin unsere Pässe und das Einladungsschreiben vor und beantworteten ihre strengen Fragen nach bestem Wissen und Gewissen. Insbesondere interessierte Sergeant Cole alles rund um das Thema geplante Arbeit: Wo wollen wir arbeiten? Wie lange wollen wir arbeiten? Wo genau wollen wir arbeiten? Welche Provinz? Welche Stadt? Was arbeiten wir in Deutschland? Wichtige Fragen für Kanada, momentan völlig zweitrangig für uns. Zwischendurch klickte sie immer wieder fast schon unbeteiligt auf ihrer Maus herum und wir konnten nicht so recht deuten, was es damit auf sich haben sollte. Doch plötzlich verschwand sie im Hinterstübchen und kam kurz darauf mit zwei Ausdrucken zurück, die sie uns flugs in die Pässe tackerte. Kurz erläuterte sie uns noch die Konditionen des Visums und wies uns auf den Passus hin, dass wir nicht berechtigt sind, in

Welcome to Canada

jeglicher Art von Erotikgewerbe (Stripclub, Massagestudio, Escortservice, etc.) zu arbeiten. Daniel entfuhr ein spontanes „Damn!“ und endlich war das Eis mit der Authority gebrochen und sie hieß uns im Land der Ahornblätter, Elche und Bären herzlich willkommen.

Jetzt holen wir erst einmal beschwingt unsere Koffer ab und treffen in der Ankunftshalle wieder auf meine Eltern, die die Einreiseprozedur als reguläre Touristen natürlich schneller hinter sich bringen konnten. Per Mietwagen geht es in ein Hotel in der Stadt. Heute können wir nicht viel mehr machen als anstoßen, etwas Leckeres essen und glücklich ins Bett fallen.

Halifax, wie auch das restliche Nova Scotia, begrüßt uns kalt und regnerisch. Nach einem sehr langen und kalten Winter hat der Frühling auch Mitte Mai noch nicht so recht Einzug halten können. Wir sparen uns also jegliches Sightseeing und brechen am nächsten Tag zu unserem vorab gemieteten Ferienhaus an der South Shore auf. Dort werden wir am ruhig gelegenen Minamkeak Lake nahe der Stadt Bridgewater unsere erste Kanadazeit verbringen und Ausflüge in die nähere Umgebung unternehmen.

In den ersten Tagen stehen jedoch erst einmal einige organisatorische Punkte auf dem Programm. Der größte davon ist sicherlich der Autokauf, denn wir wollen in diesem Jahr sehr viel hin- und herreisen und mobil sein. Kanada ohne Auto? Guter Witz! Über Facebook hatten wir im Vorfeld schon Kontakt mit einem jungen Paar aus Deutschland aufgenommen, das treffenderweise vorhat, sein

Das Ferienhaus am Minamkeak Lake

eigenes Work & Travel-Jahr Mitte bis Ende Mai in Nova Scotia zu beenden und diesen Abschluss mit dem Verkauf seines Autos zu krönen. Bei dem guten Stück handelt es sich um einen weißen Ford Explorer, Baujahr 2000, ausgestattet mit zwei Schlafsäcken und vielen bunten Aufklebern. Der Preis sowie die Beschreibung klangen ansprechend und bereits von Deutschland aus vereinbarten wir einen Treffpunkt für Probefahrt und, im besten Fall, Übergabe bzw. Kaufabwicklung. So begibt es sich, dass wir uns an einem, mal wieder, regnerischen Morgen in Bridgewater auf dem Supermarktplatz mit Andy und Julia treffen. Beide machen einen freundlichen Eindruck, das Auto, was ja viel wichtiger ist, ebenso. Wir verbinden die Probefahrt nützlicherweise gleich mit der Fahrt zur Zulassungsstelle und wie es so oft im Leben der Fall ist, nimmt alles irgendwie ganz unkompliziert seinen Lauf.

Unser Kennzeichen!

Die Verkäufer, wie auch wir, haben alle erforderlichen Dokumente dabei, die Dame in der Zulassungsstelle ist sehr kundenfreundlich. Bevor wir jedoch unsere Kennzeichen erhalten, müssen wir zunächst noch die Versicherung abschließen. Zu viert hüpfen wir also wieder ins Auto und fahren zur Versicherungsgesellschaft, die ich schon aus Deutschland kontaktiert hatte. Gesetzlich vorgeschrieben ist hier in Nova Scotia nur die Haftpflichtversicherung und die ist für Ausländer, die durch das ganze Land und auch noch durch die USA reisen möchten, leider vergleichsweise unverschämt hoch. Viel später in unserem Reisejahr erfahren wir diesbezüglich aber eine schöne Überraschung, was wir zum jetzigen Zeitpunkt noch nicht erahnen. Zurück in der Zulassungsstelle können wir dann den Autokauf perfekt machen und sind mächtig stolz, als wir unser Nova-Scotia-Kennzeichen in den Händen halten. Die Verkäufer schauen uns ganz ungläubig an, als wir ihnen die Scheine in die Hand drücken. In diesem Moment werde ich kurz stutzig - gibt es vielleicht doch eine Macke am Auto, die wir übersehen haben? Scheinbar haben sie nicht damit gerechnet, dass sie den geforderten Preis erzielen. Mist! Wieso haben wir nicht gehandelt? Weil wir so froh waren, gleich einen fahrbaren Untersatz zu finden und keine Lust hatten, weiter zu suchen. Deswegen wahrscheinlich ...

Auf eine gute Zusammenarbeit

Umgehend erfährt unser neuer Freund seine erste Belastungsprobe, denn wir müssen Andy und Julia ins gut eine Stunde entfernte Halifax zurückfahren. Auf dem Rückweg verirren wir uns natürlich prompt das erste Mal und beschließen, dass dringend ein Navi her muss. Als wir es am späten Nachmittag unversehrt zurück ins Ferienhaus schaffen, empfangen uns dort meine Eltern schon mit einem prickelnden Kaltgetränk, um standesgemäß auf den Familienzuwachs (definitiv ein Wunschkind!) anzustoßen. In den nächsten Tagen werden wir unseren neuen Freund noch in eine Werkstatt für einen gesetzlich vorgeschriebenen Safety Check bringen müssen und dann ist unser Schätzchen aber fit for the road!

Fast sind wir nun schon so ganz richtig in Kanada angekommen. Wir wollen aber in den ersten Tagen die weitere notwendige Bürokratie hinter uns bringen, damit wir im Anschluss noch ein paar Tage entspannten Urlaub gemeinsam mit meinen Eltern verbringen können. So haben wir zeitnah einen Termin bei der ortsansässigen Bank ausgemacht, um ein Konto zu eröffnen. Eigentlich ist das ein Kinderspiel, aber wir werden nicht zum letzten Mal an die Grenzen unserer eigentlich sehr soliden Englischkenntnisse gebracht. Die Bankensprache wie „pre-authorized debit, direct deposit, wire transfer, your debit card has a tap-function, the fee for May will be pro-rated ...“ klingt für uns recht Chinesisch, aber unsere Bankberaterin Sheryl (man ist hier gleich per Du) erklärt uns geduldig alle Vertragsdetails und irgendwie ist dann doch alles ganz einfach und nach einer Stunde ist das Konto eröffnet, halten wir unsere EC-Karten in der Hand (die hier Debit Cards heißen), haben unsere Pin selbst ausgewählt und die ersten Loonies (so wird insbesondere die 1-Dollar-Münze auch genannt) auf unser Konto eingezahlt. Als Daniel ein paar Tage später dem Bankangestellten vom Empfangsschalter im Supermarkt zufällig wieder begegnet, wird er gegrüßt wie ein alter Bekannter. That's Canada!

Beim kanadischen Pendant des Bürgeramts beantragen wir unsere Sozialversicherungsnummer, was auch wieder total unkompliziert und entspannt abläuft. Es scheint so, als würde jeder hier auf uns warten. Die Nummer, die hier nur SIN genannt wird, benötigen wir, wenn wir mal gegen Geld arbeiten wollen. Aber das scheint alles noch ganz weit entfernt, immerhin – wir sind nun vorbereitet.

In den nächsten Tagen können wir dann einfach nur Touristen sein. Meine Eltern waren schon mehrmals hier und freuen sich, uns ihre Lieblingsplätze zeigen zu können. Es ist schön, mal nichts selbst planen zu müssen und einfach nur hinterher zu dackeln. Im Laufe dieses Reisejahres wird uns noch manch ein graues Haar wegen der weiteren Reiseplanung wachsen, aber auch dies wissen wir zum jetzigen Zeitpunkt noch nicht.

Fischerdorf an der South Shore

Unser Ferienhaus befindet sich an der South Shore Nova Scotias, die der meistbesuchte Küstenabschnitt der Provinz ist. Pittoreske Fischerdörfer, weiße Sandstrände und gestreifte Leuchttürme prägen das maritime Bild, das sich uns hier bietet. Unser erster Ausflug führt uns zur bekannten Peggy's Cove – bei Regen potenzieller Schauplatz für Horrorstreifen, im Sonnenschein ideale Kulisse für Rosamunde-Pilcher–Filme. Grund genug, uns dort, im Rahmen einer Fahrt entlang der Leuchtturmroute, mal umzusehen. Das Fischerdorf, ca. 45 Kilometer von Halifax entfernt, gilt als eines der beliebtesten Ausflugsziele Kanadas. Glücklicherweise startet die Saison hier aber erst ab Juni, so dass momentan nicht viel los ist und wir von Busladungen verschont bleiben. Schön und malerisch ist es allemal, wir verweilen für einen kurzen Foto- und Besichtigungsstopp, decken uns im einzigen Shop am Platz mit frisch gebackenen Cookies ein und fahren weiter entlang der Leuchtturmroute, so wird der Highway 3 auch genannt, in Richtung Chester.

Das Städtchen gilt gemeinsam mit Mahone Bay und Lunenburg als Aushängeschild der South Shore, insbesondere im Sommer werden hier zahlreiche Besucher angelockt. Die Hauptstraße von Chester besteht aus einem Restaurant, einem Café, einem Theater, einer Bank und einem Souvenirladen, den wir natürlich umgehend heimsuchen, die ersten Postkarten wollen schließlich geschrie-

Peggy's Cove

ben werden. Im Prinzip war es das schon, es ist noch deutlich Vorsaison, somit spielt sich hier derzeit nicht so viel ab. Direkt an der Waterfront lockt jedoch ein weiteres pubähnliches Restaurant, das wir zum Lunch aufsuchen. Es ist draußen zwar frisch, aber sonnig, und so ergattern wir einen Tisch auf der Terrasse direkt am Wasser. Laut Daniel gibt es hier die allerbeste Seafood Chowder der Welt oder zumindest Kanadas.

Seafood Chowder im Rope Loft, Chester

Weiter südlich gelangt man nach Mahone Bay. Auch hier spielt sich das Leben quasi nur auf einer Straße ab. Aber die Anzahl der kleinen individuellen Lädchen, die zum Bummeln einladen, ist schon etwas größer als beim zuvor besuchten Nachbarn. Im Sommer wimmelt es angeblich nur von Touristen, insbesondere, wenn im Spätsommer das alljährliche Piratenfestival stattfindet und die Stadt in eine andere Zeit versetzt. Kann man sich im Moment kaum vorstellen, so verschlafen wie es hier ist.

Unser letzter Stopp für heute ist Lunenburg: die historische Altstadt ist UNESCO-Weltkulturerbestätte, dazu auch noch die einzige der Region. Den besten Blick darauf hat man vom gegenüberliegenden Golfplatz. Wie auch in den anderen Orten herrscht in der „Altstadt" ein ganz besonderes maritimes Flair, die Menschen sind super freundlich und man fühlt sich sofort wohl und will wiederkommen. Doch gibt es an der South Shore nicht nur reizvolle Städte, auch die Natur hat einiges zu bieten. Und so führt uns unser nächster Ausflug zu „The Ovens". Es handelt sich hierbei um einen sogenannten Natural Park direkt am Meer, zu dem man über eine kurvenreiche Straße gelangt. Mir wird auf der Fahrt etwas übel (meine Mutter vermutet in Verbindung mit meinem derzeit sehr gesunden Appetit schon eine Schwangerschaft), nachdem wir angekommen sind und ich ein paar Mal ein- und ausgeatmet habe, legt sich das zum Glück aber schnell und ich kann gemeinsam mit den anderen die Schönheit des Parks genießen. Wir laufen entlang der Klippen auf dem Sea Cave Trail, wobei wir immer wieder steile Wege zu kleinen Höhlen und Steinbalkonen hinunterklettern und so hautnah mitbekommen, wie sich die Wellen ihren Weg bahnen und der Atlantik wild an den Felsen bricht. Leider ist bei unserem Besuch gerade Ebbe, so dass wir das Schauspiel nicht in vollem Umfang miterleben können. Aber dennoch ist die ganze Geschichte recht eindrucksvoll. Wunderschöne Natur, herrliche Stille und außer uns keine Menschenseele weit und breit zu sehen – so haben wir uns Kanada vorgestellt!

Lunenburg hält sich bedeckt

Die frische Luft macht hungrig, weshalb wir per Fähre zur „La Have Bakery“ weiterfahren. Die sehr süße kleine Bäckerei mit angeschlossenem Café im gleichnamigen Ort bietet appetitliche Sandwiches und erlesene Cookies an. Im Anschluss steht ein gemütlicher Spaziergang am Rissers Beach auf dem Programm, bevor wir zurück in unser Ferienhaus kehren, um den Tag ausklingen zu lassen.

Das Ferienhaus befindet sich, wie bereits geschrieben, am Minamkeak Lake und ist nur durch eine holprige Schotterstraße zu erreichen. Höhepunkt ist die Zufahrt von der Straße zum Haus, die extrem steil verläuft, so dass ängstliche Personen das Gefühl bekommen könnten, sie fahren direkt in den See weiter, sollten die Bremsen mal versagen. Das Häuschen selbst ist recht geräumig und schnell leben wir uns dort ein. Die Lage bietet herrliche Ruhe, genau das Richtige, um in Kanada anzukommen. Bei trockenem Wetter sitzen wir gerne mit einem Glas Wein auf der Terrasse, bei ungemütlicher Wetterlage verziehen wir uns auf die Couch. Daniel und ich beweisen uns schnell als richtige Kanadier und schnappen uns zum Sonnenuntergang ein paar Mal das zum Haus gehörige Kanu, um es auf dem See auszufahren oder sammeln Feuerholz im Wald.

Während unserer Zeit in Nova Scotia bekommen wir auch einen ersten Eindruck der kanadischen Radiolandschaft, wir empfangen hier im Ferienhaus nämlich nur zwei Sender, die ihren Hörern gerne auch mal mehrere Stunden lang Bingo als Programm bieten, was sehr eintönig werden kann, wenn der Moderator die gezogene Zahl ansagt und dann eine halbe Minute ohne Sprechen verstreichen lässt, in der die Hörer die Gelegenheit haben, ihre Bingokarten auf die entsprechende Zahl zu prüfen und womöglich, im Fall einer vollen Zahlenreihe, beim Sender anzurufen.

Rissers Beach

Wir fahren auch noch mal zurück nach Halifax und möchten dort eigentlich gerne ein bisschen herumbummeln. Aber die Stadt präsentiert sich mal wieder von ihrer regenreichsten Seite, so dass sich unser Ausflug auf den Besuch des Pier-21-Museums beschränkt, was uns jedoch total begeistert. Der Pier 21 am Hafen von Halifax war von 1928 bis 1971 zentrale Anlaufstelle für Einwanderer, die hier mit dem Schiff aus aller Herren Länder ankamen. Quasi das Ellis Island

Kanadas. Die Dauerausstellung des Museums verleiht einen umfassenden Eindruck, wie das damals alles ablief, insbesondere durch die vielen persönlichen Berichte von Einwanderern, die in kurzen Videos ihre Sicht auf die Geschehnisse und Erlebnisse am Pier darstellen. Das Ganze wird neben der kurzweiligen Präsentation durch persönliche Erinnerungsstücke abgerundet. Unser Highlight jedoch ist ein sehr stimmungsvoller 20-minütiger Film, der Immigranten porträtiert, die erst in den letzten Jahren nach Kanada kamen. In kurzen Bildern stellen sich die einzelnen Personen vor und beschreiben ihre Reise nach Kanada, das Einleben und den Alltag. Jede Person hat ihre eigene Geschichte und untermalt mit der richtigen Musik hat der Film tatsächlich Gänsehautfaktor. Auch wenn es sich bei uns nur um eine kleine und temporäre „Einwanderung“ handelt, so finden wir uns dennoch teilweise in den einzelnen Personen wieder und können ihre Hoffnungen, Ängste und Freuden teilen. Mir entweicht beim Zuschauen spontan ein Tränchen der Rührung. Der Besuch hinterlässt auf jeden Fall einen bleibenden und vor allem prägenden Eindruck.

Sonnenuntergang am Minamkeak Lake

Einen weiteren Höhepunkt unseres Aufenthalts im maritimen Nova Scotia stellt unsere Wanderung im Kejimkujik National Park Seaside Adjunct dar. Es gibt im Landesinneren den Kejimkujik National Park und an der Küste eben dessen Erweiterung. Die Sonne bahnt sich gerade ihren Weg durch die Wolken, als wir ankommen, und frohen Mutes wandern wir entlang des Haupttrails los. Wir erleben eine himmlische, nahezu unberührte Landschaft. Durch Buschland geraten wir an die felsige Küste, haben einen Ausblick auf herrliche, weiße Sandstrände, erspähen, wie erhofft, die auf einem Felsen sonnenbadenden Robben, stapfen über viele Steine, die von abertausenden kleinen schwarzen Spinnen bevölkert sind, und uns läuft sogar ein Stachelschwein über den Weg, welches allerdings umgehend bei unserem Anblick Reißaus nimmt. Wir sind anschließend ziemlich geschafft und fallen im Örtchen Summerville Beach zur Cocktailhour ein, bevor wir es uns am Abend im Häuschen gemütlich machen, bei einer Kartenrunde und unserem lieb gewonnen Radioprogramm: Bingo Wednesday.

So vergehen unsere ersten zwei Wochen in Kanada wie im Flug und es kribbelt schon langsam in unseren Fingern: Wir wollen „on the road“, neue Abenteuer erleben und verborgene Orte entdecken. In wenigen Tagen heißt es daher: „Bye bye parents, hello roadtrip!“

Blick auf Montréal

Parlez-vous québécois?

(Desirée)

Parlez-vous québécois?

Eine letzte Umarmung, ein letzter Kuss und schon sitzen Daniel und ich in unserem Auto und starten in den ersten Roadtrip dieses Reisejahres. Es geht heute 520 Kilometer nach Fredericton, die Hauptstadt der Nachbarprovinz New Brunswick. Da uns die Hotelauswahl dort nicht wirklich überzeugen konnte und wir ohnehin dieses Jahr ganz viel Neues ausprobieren möchten, haben wir uns für eine Nacht Couchsurfing entschieden. Denn wenn man ein Jahr reist, kann man sich leider nicht jede Nacht ein luxuriöses Hotelbett leisten, und so lernen wir zusätzlich schnell Land und Leute kennen – denken wir zumindest. Couchsurfen wurde ins Leben gerufen, um über jegliche Grenzen hinweg den kulturellen Austausch und den gegenseitigen Respekt zu fördern und die Welt enger zusammenwachsen zu lassen. Und günstig ist es vor allem auch. Das Konzept sieht vor, dass man fremden Menschen seine „Couch" kostenfrei zur Übernachtung zur Verfügung stellt und sich daraus vielleicht der ein oder andere nette Plausch entwickelt. Was haben die Anbieter der Couch davon? Nun, vielleicht sind sie einfach nur nett und lernen gerne neue Menschen kennen. Aber heutzutage, und vor allem als kritischer Deutscher, macht einen eine solche Offenheit wohl eher skeptisch. Der Erfolg des Netzwerks spricht allerdings für sich und durch ein Bewertungs- und Verifizierungssystem werden Risiken auch weitestgehend ausgeschlossen.

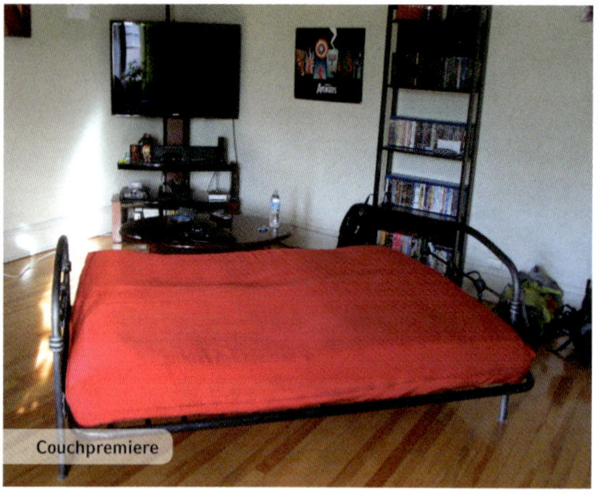
Couchpremiere

Über die Internetplattform haben wir Jenna gefunden, eine Mitzwanzigerin, die gemeinsam mit ihrem Mitbewohner Adam die Couch in ihrem Wohnzimmer zur Verfügung stellt. Wir sind aufgeregt, insbesondere natürlich ich, denn ich mache mir im Vorfeld mal wieder viel zu viele Gedanken: Wo werden wir parken? Wie läuft das Couchsurfen ab? Sind wir zu irgendetwas verpflichtet? Werden wir den ganzen Abend am Küchentisch zusammen sitzen und uns Anekdoten aus unserer Kindheit erzählen? Das Gedankenkarussell dreht sich pausenlos. Wir kommen viel früher als mit Jenna vereinbart in Fredericton an und entschließen uns daher, ein wenig die Stadt zu erkunden. Haut uns erst einmal nicht so vom Hocker, aber wir genießen die Wärme, die uns in den letzten zwei Wochen gefehlt hat. Es mutet fast schon sommerlich an. Als es endlich Zeit ist, schnappen wir unsere Koffer und machen uns auf dem Weg zu Jenna. Sie wohnt direkt in der Innenstadt, die Türen sind unverschlossen und auf einmal stehen wir schon mitten in ihrer Küche. Rote Haare und Sommersprossen, wie eine Irin sieht sie aus, die Jenna, und wie sich im anschließenden, sehr kurzen Gespräch herausstellt, hat sie tatsächlich irische Wurzeln und will diesen Sommer couchsurfend durch das Land ihrer Vorfahren reisen. Sie heißt uns willkommen und zeigt uns erst einmal unsere Schlafgelegenheit für diese Nacht. Es handelt sich um ein Klappsofa, das in ein Futon umgewandelt werden kann. Sieht glücklicherweise alles ganz nett und sauber aus und wir nehmen in der Küche Platz. Wie uns Jenna schnell mitteilt, wurde es in der vorhergehenden Nacht wohl etwas länger und deswegen ist sie sehr müde. Dementsprechend schleppend kommt das Gespräch dann auch nur in Gang. Höflich werden ein paar Sätze gewechselt, aber der Funken springt, glaube ich, auf beiden Seiten nicht über. Es ist nicht zu übersehen, dass sie an diesem Tag eigentlich gar keine Lust auf Couchsurfer hat. Sie deutet zwar kurz an, dass wir die Flasche Sekt, die wir als kleines Dankeschön mitgebracht haben, zusammen köpfen könnten, es kommt jedoch irgendwie nicht dazu. Ich glaube, das war eher so eine rhetorische Sache. Auch ist sie zu müde, um mit uns noch ein wenig um die Häuser zu ziehen, gibt uns aber freundlich Auskunft zu Sehenswürdigkeiten und guten Bars sowie Cafés in der Stadt. Bevor wir die Wohnung zu einem erneuten Streifzug verlassen, lernen wir noch ihren Mitbewohner Adam kennen, der scheinbar noch viel weniger Lust auf Couchsurfer hat, denn er sagt kurz Hallo und dann gleich wieder Tschüss und macht sich auf den Weg zu seiner Freundin, wo er auch die Nacht verbringen wird. Leicht ernüchtert unternehmen wir noch einen kleinen Spaziergang. Das hatte ich mir irgendwie anders vorgestellt. Nach zwei Wochen in Nova Scotia, wo uns wirklich nur Herzlichkeit entgegengebracht wurde, fühle ich mich zum ersten Mal etwas niedergeschlagen. Natürlich bin ich nicht davon ausgegangen, dass ich meine neue beste Freundin in Fredericton kennenlerne. Aber ich fühle mich ohnehin schon unwohl, weil wir ohne Gegenleistung bei jemandem Fremden übernachten und dann kommt jetzt noch das Gefühl hinzu, dass man gar nicht richtig erwünscht ist. Wahrscheinlich mache ich mir aber nur wieder zu viele Gedanken. Die Stadt macht auf den zweiten Blick auf jeden Fall einen viel charmanteren Eindruck, insbesondere aufgrund der vielen viktorianischen Wohnhäuser, die das Stadtbild prägen. Wir kehren in die Wohnung zurück, bekommen von Jenna netterweise noch eine Schale frischer Erdbeeren und versuchen, zur Ruhe zu kommen. Die Nacht ist warm, unruhig und unbequem. Früh kommen wir wieder in die Gänge, um gemeinsam mit Jenna, die zur Arbeit muss, die Wohnung zu verlassen. Wir schütteln einander die Hände und schon ist unser erstes Couchsurfingerlebnis vorbei. Hat nicht weh getan, brauche ich aber in der nächsten Zeit auch erst einmal nicht mehr. Es kommt mir vor, als stünden wir in Jennas Schuld, was natürlich totaler Blödsinn ist. Oder? In dieser Hinsicht bin ich irgendwie so ganz korrekt Deutsch, oder vielleicht auch total spießig? Möglicherweise beides. Aber für weiteres Grübeln ist jetzt keine Zeit.

Die Stimmung zwischen Daniel und mir ist etwas angespannt. Wir wollen noch in einen Park laufen, den Jenna empfohlen hat, der Weg stellt sich aber als viel zu weit per Fuß heraus. Schließlich müssen wir heute noch etwa sechseinhalb Stunden fahren. Kaum, dass wir dann endlich im Auto sitzen und wieder auf der Straße sind, entspannen wir merklich und freuen uns auf unser nächstes Ziel: die 590 Kilometer entfernte Stadt Québec in der gleichnamigen Provinz. Heute durchfahren wir auch die erste Zeitzone unseres Auslandsjahres – wie aufregend! Québec ist die Provinz Kanadas, in der Französisch als Hauptsprache gilt. Obwohl das Französisch, was hier gesprochen wird, nicht viel mit dem zu tun hat, was wir Europäer, oder gar die Franzosen, kennen. Dennoch gibt es eine Gemeinsamkeit: Ähnlich wie unsere westlichen Nachbarn sind die Québécois sehr stolz auf ihre Sprache und mögen gar nicht so gerne Englisch sprechen, zumindest sagt man ihnen dies nach. Als wir das westliche New Brunswick durchfahren, gehen die Ortsnamen langsam ins Französische über und auch die englischen Radiosender gehen einer nach dem anderen im Rauschen unter. Irgendwie strange. In Québec versuchen wir uns an einer neuen Übernachtungsmöglichkeit: Über die Internetplattform AirBnB, auf der Privatleute einzelne Räume oder ihre komplette Wohnung vermieten, haben wir ein Zimmer bei der Frankokanadierin Sandrine und ihrem mexikanischen Freund Enrique gebucht. Die beiden leben in einem ehemaligen Arbeiterviertel am Rande der Innenstadt. Dank unseres Navigationsgeräts, das wir in Nova Scotia gekauft haben, finden wir die Wohnung relativ schnell und verfahren uns lediglich einmal.

Notre maison

Auch hier kommen wir wieder zu früh an und haben noch zwei Stunden, bis Sandrine vom Arbeiten nach Hause kommt. Wir sind gespannt, was uns erwartet, insbesondere nach unserer letzten Nacht, und spazieren erst einmal auf gut Glück in Richtung Innenstadt. Québec City gefällt uns sehr gut. Man könnte sich tatsächlich in Frankreich wähnen. Alles wirkt sehr europäisch und vor allem übersichtlich. Schnell erreichen wir die Rue Saint Jean, die bekannt ist für ihre leckeren Restaurants und kleinen Läden und gleichzeitig als das Herz des Künstlerviertels St. Jean Baptiste gilt. Eher zufällig passieren wir das Restaurant L'Hobbit, welches uns von Daniels Cousin Rob, der in Boston lebt, empfohlen wurde. Kurzentschlossen entscheiden wir, dort am Abend zu essen und gehen hinein, um eine Reservierung vorzunehmen. Hier lerne ich nicht zum letzten Mal dieses Jahr eine weitere Facette meines Ehemanns kennen, denn er hat sich scheinbar in den letzten, eher schweigsamen, Minuten ein paar Worte auf Französisch zurecht gelegt und arrangiert nun souverän die Reservierung. Der Restaurantmitarbeiter stellt nicht auf Unverständnis oder wechselt ungeduldig ins Englische, so wie wir es erwartet hatten, sondern freut sich sichtlich über den gelungenen Versuch und führt die Konversation auf Französisch fort. Dazu muss man erwähnen, dass wir jeweils nur über ein paar wenige Jahre Schulfranzösisch verfügen. Wir sind also davon ausgegangen, dass wir uns hier ausschließlich auf Englisch durchschlagen und dabei auf wenig verständnisvolle Ohren stoßen, aber diese Aktion macht uns Mut.

Wir kehren zurück zu unserem Auto und somit auch zu unserem Übernachtungsplatz und werden herzlichst von der kleinen und quirligen Sandrine willkommen geheißen. Was für ein Unterschied zu dem Empfang von gestern! Wir sind glücklich, Sandrine wohl auch, zeigt uns gleich unser Zimmer, hat auf dem Stadtplan bereits Restaurants (unter anderem jenes, für das wir bereits eine Reservierung für den selbigen Abend haben) und Sehenswertes vermerkt, und da es so warm

Le Château Frontenac

ist (kaum zu glauben, dass wir noch vor ein paar Tagen Wintertemperaturen in Nova Scotia hatten), bietet sie uns selbstgemachtes Wassereis mit Schuss an. Wie schön das Travellerleben doch sein kann! Wir unterhalten uns ein bisschen (sie spricht mit uns gerne Englisch) und machen uns dann fertig zum Abendessen. Hier halte ich mich gleich weiter an mein Vorhaben, dieses Jahr so viel wie möglich Neues zu probieren und bestelle eines der kanadischen Nationalgerichte: Poutine. Eine Poutine besteht aus Pommes, Bratensauce (auf Wunsch auch mit Fleischstückchen) und Käsebruch. Gewöhnungsbedürftig und leider gar nicht mein Fall, obwohl doch „ein Beilagenschälchen Pommes mit Sauce" in den letzten Jahren oft mein Ausweichessen in der Betriebskantine war. Tapfer bearbeite ich meine Portion und hake es als Erfahrung ab. Später „daheim" in der Wohnung lernen wir Sandrines Freund Enrique kennen. Wie gesagt, er ist Mexikaner, somit natürlich ein ebensolcher Fußballfanatiker wie Daniel, die WM steht vor der Tür, mehr muss man zum Thema „gebrochenes Eis" nicht sagen. Ein schöner erster Tag in Québec neigt sich dem Ende zu.

Da wir während unserer Hochzeitsreise vor einigen Jahren schon in Québec City Halt gemacht haben, schenken wir uns am folgenden Tag zunächst das typische Touristenprogramm und fahren mit unserem Auto zur Île d'Orléans, einer Insel im Sankt-Lorenz-Strom vor den Toren der Stadt, die für ihre (Eis-)Weingüter bekannt ist und, ähnlich wie die Stadt Québec, sehr europäisch anmuten soll. Zunächst genießen wir aber das von Sandrine liebevoll bereitgestellte Frühstück. Auch wenn es heute wieder etwas frisch und bewölkt ist, werden wir auf der Île d'Orléans nicht enttäuscht. Wir fahren auf der gemütlichen Hauptstraße einmal um die Insel und bestaunen kleinere und größere Anwesen, alles sehr grün, gepflegt und einladend. Ich bin der Meinung, dass wir die Insel nicht verlassen dürfen, ohne eine Weinprobe gemacht zu haben und so biegen wir spontan beim nächstbesten uns zusagenden Gut ab. Auf dem Hof herrscht keine große Action und wir sind gerade dabei uns zu orientieren, da erscheint schon eine Frau, winkt uns heran, bittet uns herein und fragt ob sie uns behilflich sein kann, natürlich auf Französisch. Englisch spricht sie so gut wie keines und so verläuft unsere Unterhaltung zwar etwas abenteuerlich, klappt aber überraschend gut und wir probieren unseren ersten Cidre de Glace, also Eis-Cidre. Daniel ist schon kurz davor, etwas von dem süßen Trunk zu kaufen, weil er sich dazu verpflichtet fühlt, eigentlich schmeckt es uns aber gar nicht so doll und ich kann ihn überzeugen, dass wir diese 25 Dollar doch lieber sparen. Wir bedanken uns bei der Dame und fahren weiter, um kurz darauf an einem weiteren Gut zu halten, welches uns Sandrine empfohlen hat und wo verschiedene Leckereien aus schwarzen Johannisbeeren kreiert werden. Der Empfang verläuft hier wesentlich touristenorientierter ab als beim vorherigen Weingut und wir erhalten erst eine kleine Einführung zum Betrieb und dürfen uns danach durch die verschiedenen flüssigen Köstlichkeiten testen, zu denen uns jeweils ein bisschen was erklärt wird. Unsere

Gaumen sind positiv angetan und hier besorgen wir auch ein paar Kleinigkeiten, unter anderem für Sandrine, weil wir uns über ihre Gastlichkeit so freuen.

Anschließend lassen wir die Insel hinter uns und fahren weiter zu den Montmorency Falls. Diese Wasserfälle sind höher als die Niagarafälle, aber nicht annähernd so bekannt, da sehr viel schmaler. Dort angekommen tappen wir erst einmal in eine Touristenfalle. Wir befahren den erstbesten und ausgeschilderten Parkplatz, die Parkgebühr ist sehr saftig und es gibt keine Möglichkeit mehr zu wenden und dann müssen wir auch noch ein Hin- und Rückfahrticket für die Seilbahn erstehen, um zu den Wasserfällen zu kommen, da die Wege aufgrund noch bestehender Winterschäden nicht begehbar sind. Wir ärgern uns, da wir eine Stange Geld blechen müssen und auch lieber gelaufen wären. Wir sind nicht geizig, aber bei einem Jahr als Reisender muss man halt schauen, dass man sich sein Budget so gut es geht einteilt. Zumal wir ja ohnehin eher Traveller als Worker sein wollen. Oben an den Fällen finden wir dann noch heraus, dass wir die Straße einfach etwas weiter hätten hochfahren müssen und es dort weitere, sogar kostenfreie Parkmöglichkeiten gegeben hätte. Sei es drum, wir wollen uns die Stimmung nicht vermiesen lassen und haken die Geschichte, nicht zum letzten Mal während unserer langen Reise, als notwendiges Lehrgeld ab. Entschädigt werden wir dann aber durch die spektakuläre Brücke, welche direkt über den Wasserfall führt und uns nahe an die Grenze unseres Höhenrespekts bringt. Auch die steile Holztreppe, die seitlich am Wasserfall entlangführt, ist ein Erlebnis, wenn auch, genau wie die schöne Parkanlage, aufgrund der Jahreszeit nur teilweise nutzbar.

Montmorency Falls

Nach einem kurzen Zwischenstopp in unserer Unterkunft zum Mittagessen unternehmen wir dann einen ausgedehnten Spaziergang einmal rund um die wunderschöne Altstadt und erkunden die Straßenzüge und Viertel. Wir fühlen uns sehr wohl und sind fast ein bisschen wehmütig, dass wir morgen schon weiterziehen (müssen). Wie schön es wäre, hier etwas länger zu verweilen, vielleicht sogar im Winter. Ich schmeiße sofort den Planungsapparat an, aber der Winter ist noch so weit weg. Erst einmal wollen wir jetzt im Sommer so viel wie möglich vom Land sehen und dann können wir immer noch mal schauen, wohin wir zurück möchten. Der Abschied von Sandrine und Enrique fällt sehr herzlich aus. Superwohl haben wir uns gefühlt, in dieser kleinen und gemütlichen Wohnung.

Altstadt von Québec

Am nächsten Morgen geht es zu unserer nächsten Station in Québec: nach Montréal. Die Autofahrt ist heute entspannend kurz, 250 Kilometer, und unser Navi lenkt uns zuverlässig zu unserer gebuchten Unterkunft. Abermals versuchen wir über AirBnB unser Glück. Unsere Gastgeberin in Montréal hört auf den Namen Myokyo, getauft wurde sie ursprünglich allerdings auf den Namen Judith. Myokyo ist eine große schlanke Frau mit raspelkurzen Haaren, die in Montréal ein Zen Center leitet, in dem u.a. Meditationskurse gegeben werden. Im Zen Center, welches im hippen Stadtteil Plateau liegt, gibt es auch zwei Gästezimmer, die sich ein Bad teilen, und eben diese Zimmer werden via AirBnB vermietet. Das Plateau wird charakterisiert durch viele junge Familien, eine bunte Gastro-Szene, ein Potpourri der verschiedenen Kulturen und sozialen Milieus, und nicht zuletzt Montréals Hausberg, den Mont Royal. Die Meditationen finden morgens und abends statt und in dieser Zeit dürfen wir das Zentrum weder verlassen noch betreten, da man dafür direkt durch den Meditationsraum müsste. Außerdem ist recht strikt jeglicher Verzehr von Fleisch im Gebäude untersagt, verursacht wahrscheinlich schlechte Schwingungen. Da uns all dies im Vorhinein bekannt war, macht es uns aber gar nichts aus. Morgens um 6 Uhr, wenn der erste Kurs stattfindet, schlafen wir in der Regel sowieso noch und abends sind wir dann einfach essen. Wir erhalten von Myokyo bei Ankunft erst einmal einen kleinen Vortrag über die vor Ort zu empfehlenden Speiselokale sowie über die angeblich allerbesten Croissants Montréals, die in der Bäckerei gleich um die Ecke verkauft werden. Sehr gut, die Frau weiß genau, was wir brauchen.

Am ersten Abend probieren wir sofort einen Vorschlag Myokyos aus und kehren, quasi als Hommage an unsere Unterkunft, im veganen Restaurant „Aux Vivre" ein, essen verrückte und total gesunde Sachen und flanieren anschließend noch etwas durch das Viertel. Wir lassen uns treiben und gelangen in den Park am Fuße des Mont Royal, wo wir zum ersten, und nicht zum letzten Mal, feststellen, wie sportlich die Montréaler sind und wie sehr sie anscheinend die Aktivitäten im Freien genießen nach dem langen und eiskalten Winter. Hier tummeln sich zahlreiche Menschengrüppchen, um sich beim gemeinsamen Baseball-, Tennis-, Football- oder Fußballspiel den Feierabend zu vertreiben. Andere wiederum gehen einfach nur laufen, haben sich zu einem lockeren Zirkeltraining verabredet oder nehmen an einem Open-Air-Salsa-Aerobic-Kurs teil. Uns gefällt das sehr, die Stadt ist auch abends noch lebendig, und was uns vor allem auch noch in den nächsten Tagen positiv auffällt: Französisch und Englisch wird wie selbstverständlich von jedem beinahe stereo und ohne jeglichen Akzent gesprochen. Beide Sprachen sind hier tatsächlich nahezu gleichberechtigt.

Am nächsten Morgen testen wir die empfohlenen „besten Croissants der Stadt“, die allerdings über einen sehr, sehr hohen Butteranteil verfügen, und laufen nach Downtown, um ein wenig zu bummeln (und um die Kalorien wieder abzutrainieren). Eher durch Zufall erstehen wir nun endlich ein Handy mit Prepaidkarte für kleinen Preis. Wie gut, dass wir nicht aus der Not heraus schon in Nova Scotia für über 50 Dollar eines gekauft hatten. Ab jetzt sind wir also auch für potenzielle Arbeitgeber und Sonstige zu erreichen. Wir fühlen uns somit wieder ein Stück

Pilgerstätte für Croissantliebhaber

Montréal Smoked Meat

mehr in Kanada angekommen. Die Altstadt Montréals als solche enttäuscht uns eher, kennen wir aber auch schon von unserer Hochzeitsreise.

An diesem Tag laufen wir uns die Füße rund und belohnen uns abends mit einem Besuch bei Schwartz's. Das ist DIE Adresse für Montréal Smoked Meat – Rauchfleisch – in der Stadt. Der Laden ist so begehrt, dass die Menschen gerne auch mal länger davor Schlange stehen. Bei uns hält sich die Wartezeit jedoch in Grenzen und wir finden einen schlauchartigen Raum mit Achtertischen vor, an denen die Leute bunt zusammengewürfelt werden. Erinnert uns an die Apfelweinkneipen daheim. Es ist laut, halogenbestrahlt und die Fleischportionen sind saftig. Eine Speisekarte gibt es nicht wirklich, das wird uns klar, als der Kellner, ein Original, an unseren Tisch herantritt und uns fragt, was wir essen wollen. Nachdem wir ihm zu verstehen geben, dass wir das erste Mal da sind, rät er uns zu einem Smoked Meat Sandwich mit Pommes. Wir ergänzen das Ganze professionell um Pickles und Coleslaw. Daniel möchte sich dazu noch ein kühles Bier gönnen, worauf ihn der Kellner anblafft: „Beer's only for the staff". Wir vermuten zunächst einen Scherz, aber weit gefehlt. Es gibt tatsächlich keinen Alkohol, das koffeinhaltige Limonadengetränk schmeckt aber ja auch ganz gut. Die Sandwiches sind üppig belegt und unverschämt lecker.
Am nächsten Tag steht eine Wanderung auf den Mont Royal auf dem Programm. Der ist nicht wirklich hoch, aber der Spazierweg ist weit geschwungen, so dass daraus schon eine Halbtagestour wird. Oben angekommen wird man mit einer tollen Sicht über die Stadt belohnt.

An unserem letzten Tag in Montréal sind wir dann in Picknickstimmung. Zunächst machen wir einen ausgedehnten Spaziergang zum Marché Jean Talon, ein sehr bunter und sehr großer Markt nördlich von Little Italy. Hier kann man perfekt ein verspätetes Frühstück einnehmen. Uns haben es insbesondere die kleinen würzigen Fleischtacos angetan, die vor unseren Augen frisch zubereitet werden. Abends zieht es uns nochmal in den Park zu einem Grillhähnchenpicknick und um die letzten Sonnenstrahlen für heute einzufangen. Wir liegen satt und zufrieden auf unserer Picknickdecke und lassen die letzten Tage Revue passieren. In den zurückliegenden vier Wochen haben wir schon ganz schön was erlebt. Bis auf die Nacht in Fredericton haben uns alle Stationen wahnsinnig gut gefallen und wir überlegen auch für Montréal, wie es wäre, im Winter in der Stadt zu sein, beschließen aber, es langsam anlaufen zu lassen und uns erst einmal wie geplant bis in den wilden Westen durchzuschlagen. Der Urlaubsanteil ist jetzt fürs Erste vorüber, denn ab morgen werden wir in der Nähe von Ottawa für drei Wochen „workawayen". Wir sind schon sehr gespannt, was uns dort erwartet.

Unser neues Büro

Viel Work, wenig Travel – Willkommen in der Villa Kunterbunt

(Desirée)

Viel Work, wenig Travel – Willkommen in der Villa Kunterbunt

Dieses dämliche Navi! Wir hätten es wohl doch mal aktualisieren sollen. Jetzt stehen wir mitten in der Pampa und wissen nicht mehr, wo es lang geht. Als wir in Montréal losgefahren sind, war noch alles in Ordnung und der Weg nach Winchester, ein Vorort von Ottawa, ist für kanadische Verhältnisse auch lächerlich kurz. Nur knapp zwei Stunden, in denen man sich allerdings auch kräftig verfahren kann, wie wir soeben feststellen müssen. Auf einmal erkennt unser Navi nicht mehr, wo wir sind und wir selbst wissen es längst nicht mehr. Natürlich versuchen wir erst ruhig zu bleiben, aber es dauert nicht lang und schon entfacht eine hitzige Diskussion. Wie immer bei uns. Aber hilft ja alles nichts. Wir wenden und versuchen unser Hirn ein bisschen anzustrengen. Allerdings tragen auch die französischen Straßenschilder insbesondere zu meiner Verwirrung bei. Westen heißt Ouest und ich verwechsle dies ungünstigerweise immer mit Osten. Nach vierzig Minuten Umherirrens weiß unser sonst immer so treuer Reisebegleiter wieder, wo wir sind und führt uns letztendlich doch verlässlich an unser heutiges Ziel: ein kleines, familiengeführtes Cateringunternehmen auf einer alten Farm in Winchester. Dort werden wir unseren ersten Arbeitseinsatz

Die Villa Kunterbunt

haben. Wir arbeiten fünf Stunden am Tag, fünf Tage die Woche und werden dafür mit Kost und Logis entlohnt. Gefunden haben wir diese Arbeitsstelle über die Internetplattform „Workaway". Dies ist ein weltweit agierendes Netzwerk, welches den „Host" (also Familien oder Unternehmen, die Hilfe benötigen) mit dem „Workawayer" (Menschen wie wir, die mit begrenztem Budget reisen und Land und Leute kennenlernen möchten) verknüpft. Unser Navi, oder GPS, wie man es hier nennt, zeigt uns an, dass wir in zwei Minuten da sind und auf einmal habe ich Schmetterlinge im Bauch. Was wird uns erwarten? Wie wird unser Zimmer aussehen? Was müssen wir arbeiten? Sind die Leute nett? Sind noch andere Workawayer da? Ich merke, dass auch Daniel leicht angespannt ist, und spontan ergreift mich ein Fluchtreflex. Einfach umdrehen und woanders hinfahren. Aber das geht natürlich nicht, jetzt stellen wir uns der Situation und außerdem sind wir zu zweit und haben uns, egal was uns erwartet.

Wir sehen bereits von Weitem ein großes Wohnhaus auf einem noch viel größeren Grundstück und daneben eine rote Scheune samt Getreidesilo. Das muss es sein. Wir fahren von der Straße ab auf das Grundstück und parken vor der Scheune. Daniel erblickt schon einen Frauenkopf hinterm Fenster, aber wir orientieren uns erst einmal in Richtung Wohnhaus und klingeln an der Tür. Kurz darauf erhält jedoch das Gesicht, das uns schon aus der Scheune heraus erspäht hat, auch einen Körper und eine kräftige Frau mit braunen Haaren und einem Lächeln im Gesicht kommt über den Hof zu uns herübergeeilt. Wie sich schnell herausstellt, ist sie nicht unsere Gastgeberin Laura, sondern deren Angestellte Dawn. Unsere Gastgeber sind gerade nicht zuhause, aber irgendein anderer Workawayer müsste da sein. Sie führt uns ins Haus und ruft nach Anwesenden. Kurz darauf erscheint eine kleine Frau, in etwa unserem Alter und gemütlicher Kluft, die sich uns als Sabine – ebenfalls Workawayer und ebenfalls aus Deutschland – vorstellt. Dawn verabschiedet sich wieder und Sabine, die nur zwei Tage vor uns angekommen ist, führt uns herum und erklärt uns, wie hier alles läuft. Wir sind etwas geschockt, dass alles so unordentlich und nicht gerade besenrein ist. Hier leben die Eltern, drei Kinder, der Koch aus Mexiko, Hund Charly und jeweils bis zu fünf Workawayer (momentan nur wir drei) unter einem Dach. Kein Wunder, dass es hier etwas drunter und drüber geht. Normalerweise teilen sich die Workawayer gemeinsam mit dem Koch Jhonatan ein großes Loftzimmer, da wir aber ein Paar sind, haben wir das Privileg, ein kleines Privatzimmer bestehend aus Bett, Nachttisch, Kommode und Stuhl zu bekommen. Ähnlich wie in Küche, Wohnzimmer und Flur ist hier alles voller Hundehaare. Unter der Woche versucht die Haushälterin Valerie täglich, dem Chaos halbwegs Herrin zu werden, da heute Sonntag ist, haben Freitagnachmittag und Samstag aber ihre Spuren im ganzen Haus hinterlassen. Wir schließen die Tür hinter uns und ich schaue Daniel ganz unglücklich an. „Hier kann ich nicht bleiben, das ist alles so dreckig." Er wirkt auch etwas irritiert, versucht aber mich zu beruhigen und das

Problem lieber am Schopfe zu packen. Wir besorgen uns neue Bettwäsche, saugen einmal durch und wischen alle Oberflächen. Schon fühlen wir uns ein klein wenig besser, und kurz darauf kommt auch unsere Gastgeberin Laura nach Hause, gleichzeitig die Chefin des Cateringunternehmens. Mit ihr treten die drei Kinder Ashley, Bennett und Cole in Erscheinung. Ihr Mann Tim ist übers Wochenende mit der freiwilligen Feuerwehr verreist, ihn werden wir also erst zu einem späteren Zeitpunkt zu Gesicht bekommen. Laura erklärt uns, dass unser Bett keine richtige Matratze hat, sondern eine Luftmatratze, der regelmäßig die Puste ausgeht und wir sie erst einmal aufpumpen müssen. Auch das noch. Den Rest des Tages versuchen wir, so gut es geht, uns einzurichten und haben abends gleich zusammen mit Sabine die Aufgabe, ein bisschen nach den Kindern zu schauen, da Laura ausgeht. Sehr schnell merken wir, dass dies kein leichtes Unterfangen ist. Der Kleinste, Cole, kann mit seinen zwei Jahren natürlich noch nicht richtig sprechen und für uns ist es sehr schwer, das englische Kauderwelsch zu verstehen. Er ist eher jammeriger Natur, weint ständig und trinkt tagaus, tagein nur Milch, bestimmt zwölf Flaschen am Tag. Sein älterer Bruder Bennett, sieben, hat Hummeln im Hintern und muss ständig beschäftigt werden, er ist ein guter Junge, leider aber etwas sehr „aktiv“. Ashley, die älteste unter den Geschwistern, hat es faustdick hinter den Ohren. Sie lässt sich, ganz Mädchen, mit ihren neun Jahren nichts mehr sagen, schon gar nicht von diesen ständig wechselnden Workawayern, und dementsprechend harmonisch verläuft der Abend. Daniel und ich halten uns eher im Hintergrund, denn ursprünglich wurde nur Sabine die Aufgabe zu babysitten übertragen, wir haben noch Welpenschutz. Schnell stellen wir fest, dass auch mit Sabine nicht immer gut Kirschen essen ist. In Feldwebelmanier herrscht sie die Kinder an und lässt sich dann uns gegenüber auf Deutsch lautstark darüber aus, dass das unmögliche Bälger seien. Sie würde diese natürlich ganz anders erziehen. Sabine hat zu fast allen Themen eine sehr starke Meinung, die sie gerne preisgibt und gegen jegliche Argumente verteidigt. Das ist mir alles zu anstrengend, schon früh erkenne ich, dass ich auch hier, ähnlich wie beim Couchsurfen, keine neue beste Freundin gewinnen werde. Als die Kinder vermeintlich und endlich im Bett liegen und schlafen, kümmern wir uns um unser Abendessen. Die Familie lebt, nahrungstechnisch gesehen, von den Resten des Cateringunternehmens. Frisch gekocht wird deswegen nicht, sondern der Kühlschrank ist bepackt mit Aluschalen voller Leftovers, die dann nach Belieben aufgewärmt werden können. Für uns ist es heute am ersten Tag noch etwas knifflig abzuwägen, wie lange was schon im Kühlschrank liegt und so halten wir uns an die Gerichte, von denen Sabine berichtet, sie seien am Vortag bei einem Event gereicht worden. Ich bin ja eine sehr empfindliche Esserin, insbesondere, wenn die hygienischen Zustände nicht meinem gewünschten Standard entsprechen, aber die Speisen sind glücklicherweise genießbar. So geht der erste Tag in Winchester zu Ende, wir verbringen eine sehr ungemütliche Nacht, da wir die Matratze noch nicht aufgepumpt haben, und erscheinen am nächsten Morgen

Glückliche Feierabendgesichter

pünktlich um halb neun in der Küche, um zu frühstücken. Jeden Arbeitstag um neun Uhr morgens setzt sich Laura mit uns zusammen, um den Tagesplan zu besprechen, da wollen wir uns vorher noch ein wenig stärken. Als wir die Küche betreten, erwartet uns ein Bild des Grauens: Cornflakes liegen auf dem Boden verteilt, überall steht benutztes Geschirr, Milch tropft vom Esstisch über den Stuhl auf den Boden, eine leere Bananenschale wurde neben dem Herd abgelegt, auf diesem blubbern gerade Käsemakkaroni (was Gesundes für die Schulpause), alles klebt. Wir krempeln also erst einmal unsere Ärmel hoch und beseitigen das Chaos. Wie sich in den nächsten Tagen zeigt, wird das unser morgendliches Ritual werden, denn die Kinder sind es scheinbar gewohnt, dass man ihnen alles hinterher trägt bzw. hinter ihnen her wischt. Als wir mitten im Räumen sind, kommt Gastvater Tim nach Hause. Ein großer und kräftiger Mann mit Glatze. Er begrüßt uns freundlich und hält kurzen Smalltalk. Wir haben etwas Probleme, ihn zu verstehen, aber das ist nicht weiter schlimm, denn die nächsten drei Wochen werden wir kaum noch einen Satz mit ihm wechseln, es scheint, als möchte er mit dem ganzen Workawayerding eher wenig zu tun haben. Er ist auch nur nebenbei im Familienunternehmen zugange, hauptberuflich ist er Koch der kanadischen Regierung, was für uns in starkem Kontrast zu den hygienischen Verhältnissen daheim steht, und somit unter der Woche ganztägig in Ottawa. Aber sei es drum. Wir bedienen uns aus Kühl- und Küchenschrank mit allem, was wir gerne zum Frühstücken hätten und kurz darauf stößt auch Sabine zu uns. Laura hat an der Wand einen Wochenplan hängen, worauf anstehende Events, zu erledigende Aufgaben sowie unsere freien Tage vermerkt sind. Heute steht eine ganz besondere Aufgabe an: Laura hat einen großen Container bestellt und dieser soll mit allem möglichen Gerümpel aus der Garage gefüllt werden. Die Garage ist, wie sich schnell herausstellt, eine Lagerhalle mit Ausmaßen eines halben Fußballfeldes und es scheint, als seien hier in den letzten Jahren (oder Jahrzehnten) munter und planlos immer wieder irgendwelche Dinge abgestellt worden, deren Existenz man dann vergessen hat. Denn es gibt alles doppelt und dreifach, von kaputt bis funktional. Angefangen von der Ausstattung des Cateringunternehmens (Tische, Stühle, Geschirr, Tischdecken) bis hin zu Kinderspielzeug, Fahrrädern, Werkzeug, Gartenutensilien, usw. Es gibt nichts, was es hier nicht gibt. Nun denn, wir krempeln die Ärmel hoch und packen zu viert (Laura, Sabine, Daniel und ich) beherzt an. Dem armen Daniel rutscht gleich in den ersten Minuten ein Tisch auf den Fuß und kurzzeitig sieht es so aus, als sei unser Arbeitseinsatz schon wieder vorbei und der erste Krankenhausbesuch angesagt, aber glücklicherweise ist es dann doch nur halb so wild, wie es aussieht. Ein Indianer (bzw. Native, wie es politisch korrekt heißt) kennt ja auch keinen Schmerz. Der Arbeitsplan für uns Workawayer sieht einen Arbeitsbeginn von 9 Uhr vor. Mittags haben wir eine Stunde Pause und um 15 Uhr ist dann Schicht im Schacht, sofern nicht noch ein Event ansteht.

Thousand Islands

Ruckizucki ist der erste Arbeitstag auch schon vorbei und wir spüren bereits jetzt den ja ursprünglich so sehr ersehnten Unterschied zwischen Büro- und körperlicher Arbeit. Den Nachmittag, wie auch die meisten folgenden, verbringen wir mit süßem Nichtstun und der Kommunikation mit den lieben Daheimgebliebenen. In der Garage haben wir unter anderem drei Luftpumpen gefunden und so versuchen wir unser Bett flott zu bekommen, was, wie wir nachts feststellen müssen, kläglich scheitert, denn wir fühlen uns wie in einem kaputten Wasserbett. Ab dem nächsten Tag wird die Luftmatratze entfernt und wir bauen uns aus diversen Decken einen Ersatz. Unnötig zu sagen, dass wir während unseres gesamten dreiwöchigen Aufenthalts nicht gerade wie auf Wolken gebettet schlafen.

Die erste Arbeitswoche hält für uns ein Potpourri an Aufgaben bereit. Eine wöchentlich wiederkehrende, und definitiv nicht zu unseren Lieblingen zählende, Tätigkeit ist der Mülldienst. Dienstags wird der Müll abgeholt, allerdings muss er dafür an den Straßenrand transportiert und schlicht hingekippt werden. Klingt einfach, ist es aber nicht. Der im Gastrobereich entstehende Müll sowie

der Hausmüll werden in einer kleinen Garage auf einer Art Riesenschubkarre gesammelt. Im optimalen Fall ist das gut ausbalanciert, im Normalfall ist die Karre jedoch viel zu voll, lässt sich kaum noch bewegen, geschweige denn in der Waagerechten halten und so passiert es immer wieder, dass sie kippt und sich die Säcke samt ihrem teils flüssigen Inhalt auf dem Boden verteilen. Dazu riecht die ganze Sache noch sehr unangenehm, so dass sich zwangsläufig ein spontaner Würgereiz einstellt. Hier ist Körperbeherrschung gefragt. Den größten Teil der Woche verschreiben wir uns aber der Gartenarbeit. Für eine bevorstehende Hochzeit müssen Unkraut gejätet, Hecken zurückgeschnitten, Beete neu angelegt, der Teich gesäubert und generell überall aufgeräumt werden. Nach einem Arbeitstag merken wir, dass dies ein größeres Unterfangen ist, da wir uns hier auf einem für Nordamerika typischen Riesengrundstück (es gibt ja so viel Platz) befinden. Also halten wir uns ran, damit zur Hochzeit, und gleichzeitig unserem freien Tag, alles fertig wird. So grooven wir uns in der ersten Woche recht schnell ein und auch für das Essen bekommen wir hinsichtlich seiner Frische ein immer besser werdendes Gespür, stellen jedoch auch nach wenigen Tagen fest, dass in der Cateringküche nicht sehr abwechslungsreich gekocht wird und so ernähren wir uns in dieser Woche überwiegend von BBQ-Hähnchen und Thainudelsalat. Könnte aber auch schlimmer sein.

Den ersten freien Tag verbringen wir dann in Kingston, ca. 160 Kilometer von Winchester entfernt. Kingston war einst die Hauptstadt Kanadas, heute ist sie eine charmante Studentenstadt, durch deren zwei Hauptstraßen (Princess Street und Brock Street) man schnell durch gebummelt ist.Wir decken uns bei einer Bäckerei mit Chicken Salad Sandwiches und Zimtschnecke ein und schlendern zum Hafen, wo wir zu einer dreistündigen Kreuzfahrt in Richtung Thousand Islands aufbrechen. Die 1000 Inseln liegen im St.-Lorenz-Strom und sind teilweise schnuckelig klein. So klein, dass meist nur ein Haus oder sogar nur ein Baum darauf steht. Das reicht aber schon, denn um zu den Thousand Islands gezählt zu werden, muss die Insel mindestens einen Baum haben und das ganze Jahr über von Wasser umgeben sein.

Das Wetter ist leider an diesem Tag nicht bilderbuchreif, aber wir genießen die Bootsfahrt und unseren Snack und beobachten unsere Mitreisenden. Es dauert nicht lange, da hören wir unsere Muttersprache hinter uns, angewandt von drei deutschen Mädels, etwa Mitte 20. Wie es dem optimistischen und stets zufriedenen deutschen Naturell entspricht, beschweren sie sich, dass man so wenige kleine Inseln sieht, dass sie ohnehin dachten, die Inseln seien viel kleiner und dass das Wetter ja wohl auch besser sein könnte. Wir geben uns nicht als Landsleute zu erkennen, kuscheln uns aneinander, um nicht zu frieren und hören kurz darauf: „Manno, ich will auch so einen Typ, an den ich mich ankuscheln kann!“ Nach etwa eineinhalb Stunden tauchen dann auch die kleinen Inselchen auf und die deutschen Damen (ich natürlich eingeschlossen) fangen eifrig an zu knipsen und sind zufrieden gestellt. Teilweise stehen hier sehr pompöse Wohnhäuser, aber ehrlich gesagt, wäre es mir zu anstrengend, erst einmal zum Festland zu rudern, um mir abends schnell ein Eis zu holen.

Zurück in Kingston suchen wir einen Pub auf – schließlich ist ja gerade Fußballweltmeisterschaft! Das wahre Schauspiel spielt sich jedoch im Gastraum ab. Ein paar Tische weiter haben sich zwei reifere Damen fest gesessen (oder sollte ich besser sagen fest getrunken?). Die Damen sehen, mit Verlaub, nicht sehr gepflegt aus. Eine hat eine Schiene am Bein und scheut sich nicht, diese(s) offen zur Schau zu stellen und einen weiteren Stuhl damit zu belegen. Die Damen zittern bei jedem Griff zum Glas, sie sind nicht mehr ganz Herr (oder Frau) ihrer motorischen Fähigkeiten. Sie bestellen im Akkord immer wieder dasselbe Getränk: Rum-Cola. Bezahlt wird sofort nach jeder Runde. Das geht so lange weiter, bis der Barkeeper einschreitet und erklärt, dass er ihnen an diesem Tag keine weitere alkoholischen Getränke ausschenken wird. Es geht noch ein bisschen verbal hin und her, da sich die Jüngere der beiden Gedanken macht, sie dürfe nun nie wieder dieses Etablissement aufsuchen. Doch der Barkeeper beschwichtigt sie, ruft ein Taxi und ehe wir uns versehen, verfolgen wir wieder das Fußballspiel und unser freier Tag neigt sich dem Ende zu.

Wo wir gerade beim Thema sind – die Fußball-Weltmeisterschaft. Schon komisch, dass wir dieses Spektakel nicht mit unseren Freunden und Familien in Deutschland gemeinsam verfolgen können. Aufgrund der längengradigen Nähe zu Brasilien erleben wir die Spiele zwar zu gesünderen Zeiten als unsere Leute in Deutschland, aber dennoch, ein bisschen Wehmut spielt mit, insbesondere beim männlichen Part der Reisegesellschaft. Bereits im Vorfeld wurde er etwas pedantisch: Wie ist der genaue Spielplan, wann, wer, wo, gegen wen, wie viel Uhr, welcher Tag und vor allem: Wo wirds übertragen, wird es doch, oder!? Hektisches Googlen, TV-Sender Kanada, da blickt kein Mensch durch ... Ah, auf CBC (das ARD/ZDF Kanadas). Jedes Spiel?! Genial! Die absolute Ur-Angst wird ihm also schon mal genommen. Zusätzlich das Wissen im Hinterkopf, dass ARD und ZDF alles live streamen. Stark, mögen die Spiele also beginnen! Dann, wie immer im Sport, kommen jedoch die Nackenschläge. Der Livestream funktioniert nicht im Ausland und der SAT-Receiver in unserem Workawayer-Aufenthaltsraum ebenso wenig. Kalter Angstschweiß steht Daniel auf der Stirn. Okay, Ruhe bewahren, runteratmen. Jetzt heißt es erst mal, dem Arbeitgeber klar zu machen, was so ein World Cup für einen Deutschen überhaupt bedeutet. Verständnisvolle Blicke der Chefin „Oh, the one in Brazil?“. Richtig! Ab jetzt wird es also ernst. Erstens, die Arbeitszeiten an den Spielplan anpassen, was glücklicherweise hervorragend passt (Lunchbreak 12.00 Uhr Spiel 1 – Feierabend 15.00 Uhr Spiel 2 – Richtung Abendessen 18.00 Uhr Spiel 3) und zweitens, die schwierigere

Übung, passend dazu jeweils den Familienfernseher zu okkupieren. Mittags kein Problem, wird es dann im Tagesverlauf jedoch schwieriger, wenn die Kids von Daycare und Schule nach Hause kommen und so gerne „Dora, the Explorer" oder „Modern Family" schauen möchten. Aber wir arrangieren uns ganz gut und wirklich jedes Spiel muss ja auch nicht geguckt werden, Daniel wird halt im Alter einfach auch lockerer. An unseren freien Tagen finden einige Knaller statt, so schauen wir das Eröffnungsspiel in einer Sportsbar im von Brasilianern schier überschwemmten Ottawa, Italien vs. England in Kingston sowie Deutschland vs. Ghana wieder in unserer Stammbar in Ottawa. Der Worldcup ist hier also wider Erwarten echt präsent. Im Verlauf der Vorrunde bestellt dann unsere Chefin sogar einen neuen SAT-Receiver für unseren Aufenthaltsraum (nachdem Sabine ihr charmant klar gemacht hat, wie wichtig die Fußball-WM für uns Deutsche ist, gleichzeitig aber für Spanien hält, weil das Land es „im Moment ja echt schwer hat") und ich telefoniere dann sogar mit Peter von Bell in Indien, um die Box freischalten zu lassen. Die ganze Welt zieht also mal wieder an einem Strang und wir (sowie die deutsche Mannschaft) überstehen die Vorrunde unbeschadet.

Daniel vor der Eventscheune

In unserer zweiten Arbeitswoche stehen für uns gleich mehrere Highlights an. Das Cateringunternehmen veranstaltet ein Vatertagsdinner und wir dürfen fleißig in der Küche (in der benachbarten umgebauten Scheune gelegen) helfen beim Zubereiten, Anrichten und Spülen. Es macht Spaß, Teil eines so netten Teams zu sein und im Anschluss sitzen wir alle noch bei einem sehr leckeren Resteessen zusammen. Ich glaube, das ist der Tag, an dem wir das Gefühl haben, bei unserer ersten Workawaystelle so richtig angekommen zu sein. Wir werden sogar am Trinkgeld beteiligt, was nicht die Welt ist, aber dennoch sind wir wahnsinnig stolz. Vom Tellerwäscher zum Millionär – das geht also auch in Kanada ganz einfach, wobei die weitere Entwicklung ja noch abzuwarten ist.

Den absoluten Höhepunkt der Woche stellt jedoch unser Außeneinsatz dar: Für ein Firmen-Lunchevent in Ottawa wurde bei Laura ein Catering bestellt und wir dürfen helfen und sind auf einmal mittendrin im ganz normalen kanadischen

Job- und vor allem Gastroalltag. Das Cateringunternehmen verfügt über einen riesigen Grill, den man als Anhänger ans Auto ankuppeln kann und mit dem sollen wir zum französischen School Board in Ottawa. Dort findet in der Mittagspause ein Sommerfest statt. Als wir uns zusammen mit unserer Chefin Laura, der Kellnerin Rebecca und dem Koch Jhonatan auf den Weg machen, sind beide eingesetzten Autos jeweils bis unters Dach beladen mit Coleslaw, Potato Salad, den Zutaten für Caesar Salad, Brötchen, Tischen, Warmhalteplatten und vielem mehr. Kurz nach Abfahrt müssen wir mit einem Auto bereits umkehren, um ein vergessenes Verlängerungskabel einzuladen. Zurück on the road schlägt Laura dann einen falschen Weg ein und wir müssen erneut wenden, um auf die richtige Straße zu kommen. Nur wenige Minuten später fährt das Auto, an dem der Grill hängt, durch ein Schlagloch und die Achse des Grillanhängers bricht. Lauras Mann Tim, der selbst gerade auf dem Weg zur Arbeit in Ottawa ist, wird zur Hilfe gerufen und gemeinsam mit dem mexikanischen Koch versucht er, den Reifen zu wechseln (zu diesem Zeitpunkt geht man noch von einem lediglich kaputten Reifen aus). Vergeblich! Der Grill bewegt sich nicht mehr vom Fleck. Was tun? Irgendjemand kommt auf die glorreiche (und gleichermaßen wahnwitzige) Idee, das Hähnchen am Straßenrand, mitten in der Pampa, zu grillen. Sensationell! Der Koch bleibt also beim Grill und brutzelt das Hähnchen, der Mann von Laura treibt einen Ersatzgrill auf (nachdem Daniel während der gesamten Fahrt nach Ottawa schon per Handy spontan Firmen kontaktieren musste, die eventuell Grille verleihen), der showmäßig beim Event aufgestellt werden kann und auf dem das Fleisch noch einmal aufgewärmt wird und alle anderen (wir plus Laura und die Angestellte Rebecca) fahren nach Ottawa und bauen schon mal das Buffet auf. Der Koch hat aber ja nur noch den Grill und kein Auto mehr, also muss die Küchenhilfe, die in der Eventscheune verblieben ist, ihre Arbeit unterbrechen und ihn dort abholen und nach Ottawa fahren. Irgendwie schafft sie es jedoch, ihre Autoschlüssel im Auto einzuschließen, was die ganze Aktion noch einmal alles andere als beschleunigt. Um 11.30 Uhr sollte der Lunch losgehen. Um kurz vor zwölf Uhr ist der Koch samt Hähnchen da sowie Tim mit dem Ersatzgrill. Glücklicherweise hat die hungrige Meute von all dem Hin und Her nichts mitbekommen und der Kanadier an sich ist ja ohnehin, wie wir immer wieder aufs Neue feststellen, tierisch entspannt. Am Ende des Tages sind wir alle stolz wie Oskar, dass dieser vermeintliche GAU so prima abgewendet werden konnte und selbst Tim findet dankende Worte für uns fleißige Workawayer.

Am nächsten Tag erhalten wir die einmalige Gelegenheit, gleich mehreren Kükengeburten beizuwohnen. Ashley hat in ihrem Zimmer seit mehreren Wochen einen Eierbrutkasten und heute ist es soweit. Nach und nach erschlüpfen sich die kleinen fluffigen Wesen ihren Weg ins Leben. Zumindest ich bekomme echt Gänsehaut beim Beobachten der Eier, die langsam einen kleinen Riss bekommen und dann immer mehr auseinander brechen, bis ein zunächst nackiges, später immer flauschiger werdendes Etwas hinaus hüpft. Man merkt den Küken förmlich an, wie anstrengend dieser Weg für sie ist, denn unmittelbar nach dem Schlüpfen bewegen sie sich erst einmal stundenlang nicht. Insgesamt 15 Küken erblicken an diesem Tag das Licht der Welt und verbringen ihre ersten Tage unter einer Rotlichtlampe.

Da sich die kleinen Piepmätze erst einmal ausruhen müssen, kommen wir in den Genuss, die ältere Generation Hühner, die im Garten gehalten wird, abends in ihr Hüttchen einzusperren und am folgenden Morgen wieder rauszulassen, da unsere Gastfamilie für eine Nacht campen geht. Das ist natürlich auch ein Abenteuer. Man stelle sich zwei Städter vor, die versuchen, möglichst ohne Berührung neun Hühner und einen Hahn zum Einzug in ein kleines Holzhäuschen zu bewegen. Ein Bild für die Götter! Daniel traut sich sogar ein Huhn zu fangen und wirft es, eher halbsanft, in die Hütte. Das kann aber nicht der Weisheit letzter Schluss sein. Wir kommen dann glücklicherweise auf die geniale Idee, das Essen und das Wasser einfach auch in die Hütte zu stellen et voilà – nach und nach wandern die „dummen Hühner" ganz von selbst hinein. Klappe zu, Huhn hoffentlich am nächsten Morgen nicht tot. Ganz schön schweißtreibend. Wie wir am nächsten Tag erfahren, hätten wir das aber auch einfacher haben können. Denn wenn man bis zur Dämmerung wartet, wandern die Zweibeiner von selbst in ihr Hüttchen und man muss lediglich die Tür hinter ihnen schließen. Aber diese Erfahrung kann uns nun keiner mehr nehmen.

Der Hühnerdieb

Während unseres Arbeitseinsatzes in Winchester fahren wir, wie bereits erwähnt, auch ein paar Mal nach Ottawa. Dort schauen wir jedoch nicht nur Fußball, sondern erleben wilde Abenteuer, denn gleich der erste Trip führt uns eines Feierabends zum Bayshore Shopping Centre im Vorort Nepean. Eigentlich ein ganz normales Einkaufszentrum, wenn da nicht das Parkhaus wäre, denn dieses bringt uns ganz schön ins Schwitzen. Unser in Nova Scotia erstandenes Auto verfügt über eine (fest verschraubte) Dachbox, dadurch ist der Wagen etwas höher als normale Autos und passt somit auch nicht in jedes Parkhaus, dies bedenken wir

Freier Tag in Ottawa

bis dahin aber nicht. Das Navi leitet uns zuverlässig zur Mall und bei der Einfahrt in den Parkbereich sehen wir ein Schild, das darauf hinweist, dass nur Autos bis zu einer Höhe von 2,05 Meter hineinpassen. Wie hoch ist unser Auto nochmal? Es will uns nicht einfallen und außerdem haben wir auch keine Möglichkeit mehr zu wenden. Wir fahren also langsam und vorsichtig die Rampe aufs Parkhausdach hoch und streifen „leicht" das Höhenbegrenzungsschild. Okay, parken, wir haben es geschafft. Doch wie kommen wir hier wieder weg? Die Ausfahrt führt mitten durch das Parkhaus mit abgehängten Decken. Und was dann nach dem Shopping folgt, fällt mal wieder unter die Kategorie „Ehepaar Tischner in seinem Element – ein Bild für die Götter". Daniel steuert die Karre, ich laufe neben dem Auto her und warne einfühlsam und völlig rational vor jeder niedrigen Decke. Ungefähr so: „Uhhh, ahhh, vooooorsichtig! Langsam, langsam, okay, kannst, kannst, kannst, STOOOOOOPP!" Wir schaffen es tatsächlich einigermaßen unbeschadet aus dem Parkhaus raus, Dachbox und Parkhausdecke müssen aber etwas leiden. Die genaue Höhe unseres Autos kennen wir immer noch nicht, aber höher als 2,05 Meter muss es sein, so viel steht nun fest. Dieses Problem wird im weiteren Reisejahr noch zu einer Art Running Gag. Es zeigt sich nämlich, dass auf die Höhenangaben bei Parkhauseinfahrten überhaupt kein einheitlicher Verlass ist, wobei die wechselnden Angaben in Fuß und/oder Meter die Verwirrung und Unklarheit noch auf die Spitze treiben. Für die Dachbox muss einfach gelten: Narben machen interessant.

Nun aber zur Stadt Ottawa: Ottawa ist bekanntlich die Hauptstadt Kanadas und das Parlament bildet das Herzstück der Stadt, thront es doch auf dem sogenannten Parliament Hill und ist somit schon von Weitem zu erkennen. Im Regierungsviertel erinnert Ottawa tatsächlich ein bisschen an Berlin und multikulti ist es, wie alle kanadischen Großstädte, die wir bisher auf unserer Reise besucht haben, auch. Aber es ist im Gegensatz zu unserer Hauptstadt gemütlich, klein und übersichtlich. Alles Sehenswerte ist innerhalb weniger Minuten zu Fuß zu erreichen. Im Parlament werden kostenlose Führungen angeboten und diese Gelegenheit lassen wir uns natürlich nicht entgehen. Unser Guide heißt Julie. Sie führt uns extrem kurzweilig und humorvoll durch die heiligen Hallen, zumindest durch die Bereiche, die für die Öffentlichkeit zugänglich sind. Besonders eindrucksvoll ist die Bibliothek, die die Parlamentarier nutzen können, um sich auf ihre Sitzungen vorzubereiten. Bei einem Brand im Jahr 1916 ist das Parlament zerstört worden, mit Ausnahme der Bibliothek, die erhalten geblieben und wirklich wunderschön ist. Nach der Führung haben wir die Möglichkeit, in den Peace Tower hinaufzufahren, wo wir eine beeindruckende Sicht über Ottawa, seine Umgebung und

Parlamentsbibliothek

Schleuse zum Rideau Canal

sogar bis Québec (die Provinz beginnt direkt am anderen Ufer des Ottawa River) erhalten.

Anschließend laufen wir über den Rideau Canal zur Cathédrale Notre-Dame d'Ottawa, in der es herrlich ruhig ist und die über mehrere Ebenen verfügt. Es gibt prachtvolle Marmorsäulen, eine blau-goldene Sternendecke und viele weitere liebenswerte Details zu bewundern. Nachdem wir auch diesen Programmpunkt abgehakt haben, versorgen wir uns im nahe gelegenen Byward Market mit monströs anmutenden Mohn- und Schokoschnecken und folgen einer Empfehlung meiner Mutter, indem wir eine geführte Rundfahrt auf dem Rideau Canal unternehmen. Der Rideau Canal ist eine künstlich angelegte Wasserstraße zwischen Ottawa River und Lake Ontario, die zu Zeiten des amerikanischen Unabhängigkeitskrieges zum geheimen und somit geschützten Transport aller möglichen Güter genutzt wurde. Wir gleiten auf dem idyllischen Kanal entlang, lauschen den bemüht lustigen Kommentaren der Maus am Mikrofon und genießen den Müßiggang.

An einem anderen freien Tag (wir haben ja immerhin zwei pro Woche) ist es dann Zeit für ein bisschen Kultur. Die National Gallery of Canada gewährt Donnerstagabends freien Eintritt und so lassen wir uns natürlich einen Besuch nicht entgehen. Das freut unser Budget und das Museum ist nicht nur architektonisch sehr ansprechend, sondern bietet auch eine umfangreiche Kunstsammlung mehrerer Epochen. Hier kann man sich problemlos stundenlang aufhalten und von Halle zu Halle schlendern.

Ein weiterer Ausflug führt uns in den Parc Gatineau zum Wandern. Der Himmel ist blau, die Sonne gelb und die Temperatur heiß. Der Parc Gatineau ist die grüne Lunge Ottawas, liegt verrückterweise aber in der benachbarten Provinz Québec. Es handelt sich um ein großes Waldgebiet mit mehreren Seen, Wanderwegen und Campingplätzen. Nach 50 Minuten Fahrt erreichen wir das Provincial-Park-Büro und informieren uns dort über die möglichen Wanderwege. Wir sind höchst motiviert, der eine mehr, die andere weniger. Daniel (abenteuerlustig wie eh und je) möchte gerne den langen anspruchsvollen Weg laufen, ich dagegen (vorsichtig, wie ich nun einmal bin), schlage vor, es doch erst einmal mit dem kurzen anspruchsvollen Weg (anderthalb bis zwei Stunden) zu probieren. Gesagt, getan. Man muss sich seine Kräfte schließlich einteilen. Das war schon vor Jahren mein Motto, als mir beim lokalen Zehn-Kilometer-Lauf das Besenfahrrad in den Fersen hing. But that's a whole different story! Wir stellen unser Auto am Ausgangspunkt des Trails ab und stiefeln los. Ich würde jetzt gerne etwas Dramatik in die ganze Geschichte bringen und von gefährlichen Tiersichtungen berichten, aber damit kann ich leider nicht dienen, es sei denn, es gruselt den werten Leser vor Schmetterlingen, davon gibt es hier zuhauf. Der Rundweg ist sehr schön, teilweise tatsächlich auch ein bisschen anstrengend, und führt an drei Aussichtspunkten vorbei, von denen aus man einen fantastischen Blick über die Region hat. Wir lassen uns Zeit, steigen über Stock und Stein, ruhen uns aus und stellen am Ende der Tour fest, dass wir noch in unserer Wander-Trainingsphase sind und nun dringend ein Kaltgetränk benötigen. Gelohnt hat sich der Ausflug allemal und der Park bietet sicherlich noch viele weitere schöne Orte, die es zu besichtigen lohnt.

Nach getaner Arbeit

Der Ausflug zum Parc Gatineau läutet gleichzeitig die letzte Arbeitswoche in Winchester ein, die aber erst einmal mit einem weiteren freien Tag startet. Es soll 28 Grad warm werden und da wollen wir die Gelegenheit beim Schopfe packen und in den nahe gelegenen Calypso Theme Waterpark fahren. Diese geplante Unternehmung führt schon am Vorabend zu Diskussionen, als wir uns Videos von den einzelnen Rutschen im Internet ansehen. Meine Reaktion bei jedem Video: „Das kann ich nicht, das kann ich nicht!" Daniels Reaktion auf meine Reaktion: „Dann brauchen wir da gar nicht hinzufahren." Gesagt, nicht getan. Natürlich parken wir unser Auto am nächsten Tag pünktlich zur Parköffnung und stürzen uns ins „Vergnügen". Den Start macht das „Black Hole". Gut kombiniert, hier drinnen sieht man nichts. Davon aber viel. Doch ich überlebe es und weiter geht es mit dem „Zoomerang". In einem Zweierreifen geht es durch eine steile Rutsche in eine noch viel steilere, fast schon senkrechte Halfpipe, die man soweit hochschlittert, dass man (oder zumindest ich) Angst bekommt, man würde auf der anderen Seite wieder hinunter plumpsen. Glücklicherweise macht unser Reifen ganz kurz vor der Kante aber natürlich eine Kehrtwende und wir schlittern in den Pool. So tingeln wir von Rutsche zu Rutsche und fast immer spielt es sich gleich ab. Die Dame sagt mit weinerlicher Stimme „Ich kann das nicht, ich kann das nicht, was, wenn mein Herz stehen bleibt?" und der Herr antwortet darauf: „Nein, das passiert nicht, du wirst das ganz super schaffen." Und so ist es dann meistens auch, bis es zum Trichter geht – eine geschlossene Einzelrutsche, an deren Ende man in einem riesengroßen Trichter landet und dort noch ein paar Mal in einem Affentempo kreist, bevor man nach unten gesogen wird und einfach in ein Becken klatscht. Völlig außer Atem und noch unter Wasser teste ich, ob der Bikini noch da sitzt, wo er soll. Tut er natürlich nicht, und das im prüden Nordamerika. Nach diesem Rutschabenteuer bin ich erst mal reif für den Lazy River. Alles in allem trotz der ganzen Aufregung ein sehr schöner Ausflug, und es fühlt sich ja auch gut an, wenn man seinen diversen Schweinehunden ab und zu mal die kalte Schulter zeigen kann.

Doch zurück zum Arbeiten – da in dieser, unserer letzten, Arbeitswoche keine großen Events anstehen, können wir es etwas lockerer angehen und unsere Heimwerkertalente weiter ausbauen. Insbesondere Daniel, alias Bob der Baumeister, stellt fest, dass zu seiner linken Hand auch eine rechte existiert und schreinert Regale, richtet Kühlschranktüren und baut Türschlösser ein. Absolutes Highlight ist der ungelernte Gebrauch einer kleinen Kreissäge, für den wir uns aus Handtuch, Mütze und Socken Ohrenschützer basteln und unsere Sonnenbrillen als Augenschutz herhalten müssen. Außerdem spießen wir gemeinsam 200 „Chicken Kebobs" auf, machen die Küche flott für den Check vom Gesundheitsamt, schrauben Stühle zusammen, versehen sie mit Filzgleitern und widmen uns weiter der nicht mehr ganz so geliebten Gartenarbeit.

Am letzten Arbeitstag dürfen wir dann schon mittags Feierabend machen, um bei der sengenden Hitze Pool und Whirlpool zu genießen und werden abends noch mit einer „Staff Pizza Party" belohnt, die etwa 30 Minuten dauert. Irgendwie typisch nordamerikanisch. Die Musik ist so laut, dass man sich nicht unterhalten kann und jeder muss ganz schnell weg. Laura selbst auch. Ihre Familie ist bereits vorgefahren, um das Wochenende auf einem Campingplatz kurz hinter der Grenze zu den USA zu verbringen, was uns ein letztes Mal Hühner wegsperren einbringt. Da Sabine bereits zwei Tage vor uns abgereist ist, sind wir somit die alleinigen Herrscher des Hauses und freuen uns schon, nach dieser turbulenten, aber doch sehr schönen Zeit, am folgenden Tag zu unserer nächsten Etappe aufzubrechen.

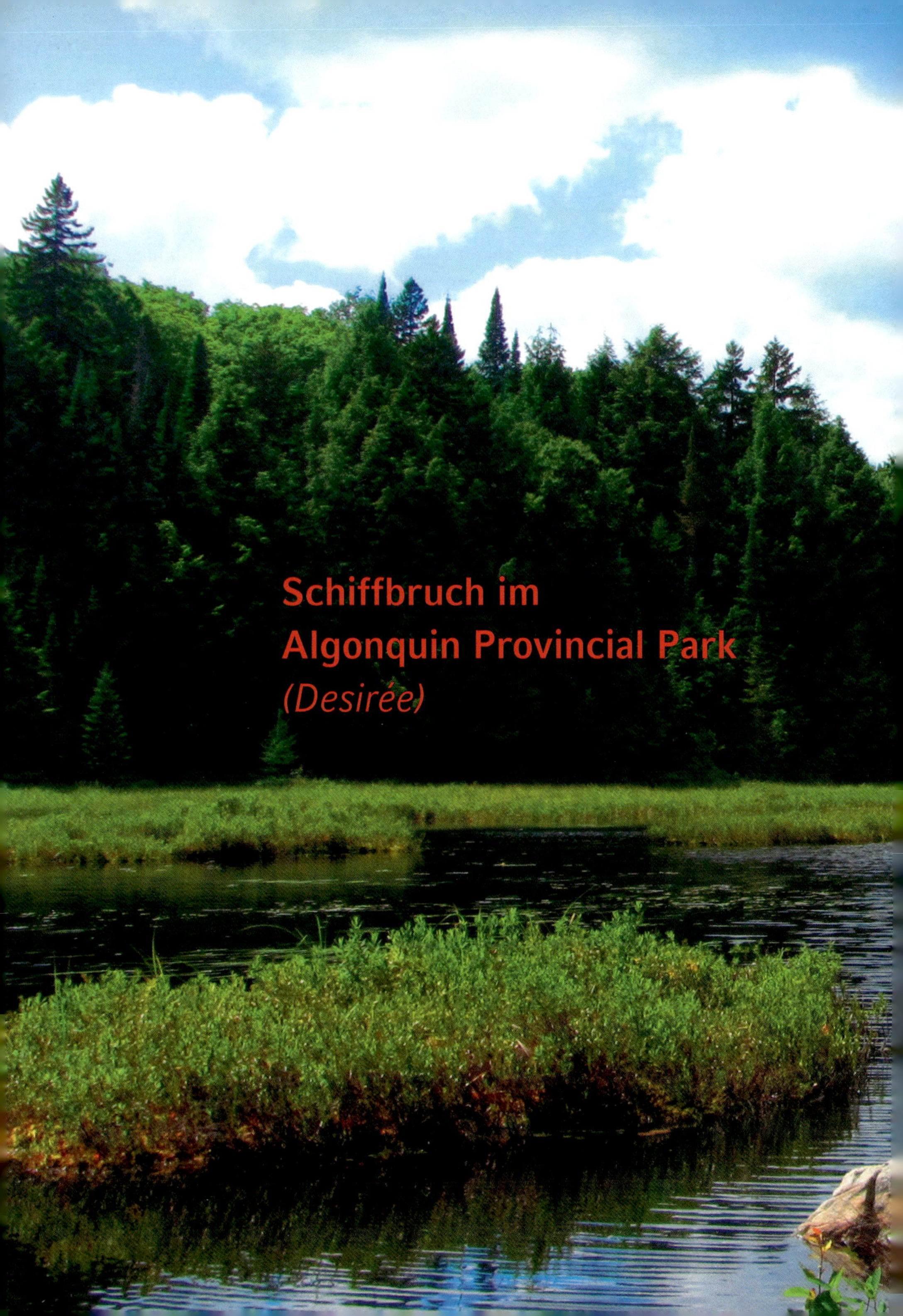

Schiffbruch im Algonquin Provincial Park

(Desirée)

Im Algonquin Provincial Park

Schiffbruch im Algonquin Provincial Park

Abenteuer, Natur, Abgeschiedenheit – all das, und natürlich noch viel mehr, möchten wir in diesem Jahr sehen und erleben. Ein großes, sehnlich herbei gewünschtes Highlight unseres Reisejahres stellt somit unser Ausflug in den Algonquin Provincial Park, knapp drei Stunden Fahrtzeit westlich von Ottawa, dar. Hier haben wir eine dreitägige „Log Cabin Adventure"-Tour gebucht und freuen uns auf die kanadische Wildnis. Frohen Mutes steigen wir am frühen Morgen in unser Auto und geben die Adresse vom Büro des Veranstalters, gleichzeitig Startpunkt unserer Tour, in das Navi ein. Nach zweieinhalb Stunden erreichen wir South River und das vorgegebene Ziel erweist sich als Postfiliale. Das kann natürlich nicht stimmen. Glücklicherweise haben wir aber an der letzten Kreuzung ein Wegweiserschild unseres Reiseveranstalters gesehen und fahren einfach mal auf gut Glück in die hoffentlich richtige Richtung.

Straße ohne Namen

Nach weiteren 30 Minuten Schotterpiste erreichen wir tatsächlich unser Ziel. Bevor wir in das große Abenteuer starten, wollen wir unseren stets besorgten Müttern noch schnell eine SMS schreiben, doch es gibt hier schon keinen Handyempfang mehr, „totally off grid" also, genau so, wie wir es uns ersehnt hatten. Alsbald lernen wir unseren Guide Kevin kennen. Ein Kanadier, wie man ihn im Bilderbuch nicht besser malen könnte: Cowboyhut, sonnengegerbte Haut, Kippchen im Mundwinkel und einfach nur total relaxt. Ein bisschen so wie der Marlboro Man. Da wir ein bisschen zu früh sind, stellt er uns gleich ein Kanu bereit, damit wir ein erstes Ründchen auf dem See drehen können.

Als wir zurückkehren, trudeln so langsam auch unsere Mitreisenden ein, die wir, natürlich völlig unauffällig, von oben bis unten abscannen. Eine junge kanadische Familie mit zwei Jungs, ein Best-Ager Ehepaar aus Nordengland sowie Vater und Tochter (zwischen 12 und 18 Jahre alt, da scheiden sich unsere Geister) von der Kanalinsel Guernsey. Macht mit uns zehn Personen. Mit zwanzigminütiger Verspätung (wir lassen uns mittlerweile schon mal die zur Verfügung gestellten herzhaften Sandwiches schmecken) rollt ein großer Mietgeländewagen an, aus dem eins, zwei, drei, vier, fünf Menschen herauspurzeln. Zwei Erwachsene, drei Jugendliche und obendrein auch noch Deutsche. Ich weiß nicht, woran es liegt, aber als Deutscher im Ausland sind uns andere Deutsche oft peinlich bzw. wollen wir nicht mit ihnen in einen Topf geworfen werden oder von ihnen sofort als Landsmänner identifiziert werden. Papa Deutschland (wie wir ihn schnell intern benennen) trägt (bescheiden geschätzt) stattliche 140 Kilo mit sich herum, das wird später noch ein interessanter Faktor. Bezüglich der Ausstattung wusste Familie Deutschland wohl nicht so richtig, was sie erwartet. Zur Eingangswanderung erscheinen sie in Converse Chucks, die empfohlenen Wasserflaschen sind nicht mit an Bord, dafür professionelle, riesige Kamerataschen und, natürlich, ein Smartphone pro Familienmitglied, welches jeweils über die ganzen drei Tage nicht aus der Hosentasche genommen wird (nur noch mal zur Erinnerung – es gibt keinen Empfang – für nichts). Unsere Unterkunft für die nächsten zwei Nächte erreichen wir per Wanderung und Kanufahrt. Los gehts erst einmal per pedes. Über Stock und Stein, knöcheltief durch den Sumpf, bergauf und bergab wandern wir drei Stunden durch die kanadischen Wälder. Dabei lernen wir allerhand zum Thema Spuren lesen, sei es auf dem Boden, an den Bäumen oder, auch spannend, aus den Exkrementen. Unsere Bedenken, dass auf Kinder oder übergewichtige Reiseteilnehmer Rücksicht genommen wird, stellen sich als völlig unbegründet heraus. Schnell wird klar, dass Papa Deutschland nicht mit dem Tempo der Gruppe mithalten kann und immer öfter hallen Rufe durch den Wald, damit er den Anschluss wieder findet. Guide Kevin zeigt sich davon lediglich peripher tangiert.

Nachdem wir (und vor allem Familie Deutschland) schon ziemlich dehydriert (abgesehen von unseren Füßen, die sind durch den Sumpfmarsch gut gewässert) die Stelle erreichen, an der drei Kanus auf uns warten, damit wir in ihnen das letzte Stückchen bis zur Cabin zurücklegen, kommt es zum dramaturgischen Höhepunkt des Tages oder vielleicht sogar des gesamten Trips: Es gibt ein

Algonquin Provincial Park

Voyageur-Kanu für zwölf Personen und zwei gewöhnliche Zwei-Personen-Kanus. Kevin hat schon früh spitz bekommen, dass wir mit dem Paddel umgehen können, und daher wird uns, ebenso wie Vater und Tochter von der Insel, ein Zweierkanu zugeordnet. Der Mob marschiert also ins Großraumboot, und nach und nach nehmen alle vorsichtig ihre Plätze ein. Als Kevin dann recht mühsam das Kanu zu Wasser lassen will, passiert das Unvermeidliche. Die Sitzbank, auf welcher der stattliche Familienvater inklusive seiner zwei zarten Töchterlein sitzt, gibt der Schwerkraft nach und die Passagiere landen unsanft mit ihren Hinterteilen auf dem Boden des Schiffes. Sehr amüsant von außen anzusehen, kann

Log Cabin

ich nicht anders sagen. Alle Mann also wieder raus, ein ebenso wackliger Akt wie das Boarding. Kevin als Mann der Tat zeigt sich vorerst unbeeindruckt, zaubert ein Seil hervor, fummelt ein bisschen an der eingestürzten Sitzbank rum, knotet mal hier, mal da und schon ist das Boot stabilisiert und es darf einer nach dem anderen wieder einsteigen. Aber es ist wie verhext! Erneut gibt das Brett unter Big Daddy nach, sprengt das Kanu, und es wird klar, dass wir so nie an der Cabin ankommen. Kevin lässt sich seine aufkommende Nervosität verbal nicht anmerken, steckt sich nun aber erst mal eine Zigarette an und verkündet, dass er nun irgendwie weitere Kanus organisieren muss. Da die telefonische Organisation des Nachschubs flachfällt, bleibt nur, zur Lodge zu paddeln und weitere Boote herzuschleppen. Zur Unterstützung nimmt er sich Daniel mit. Das bedeutet für uns die erste, wenn natürlich auch nur kurze, räumliche Trennung dieser einjährigen Reise, ein komisches Gefühl. Ich schaue den beiden Männern also zu, wie sie langsam von dannen ziehen, mache es mir am Seeufer gemütlich und versuche, meine Socken etwas mittels Sonnenlicht zu trocknen. Als die Jungs (einschließlich Köchin und Küchenhilfe und weiterer quer auf den Kanus transportierter Kanus) zurück kehren, kann es endlich für die gesamte Gruppe auf die Reise gehen, und wir erreichen ohne weitere nennenswerte Vorkommnisse unser neues Zuhause. Gemütlich und rustikal sieht sie aus, die geräumige Log Cabin.

Ein großer einladender Wohnbereich mit einem riesigen Kamin und einem Esstisch mit monströsen Ausmaßen. Im oberen Geschoss befinden sich die Schlafräume, in die jeweils, gerade so, zwei Einzelbetten passen. Dunkel ist es nur irgendwie, denn Strom gibt es auch nicht. Das Wasser in der Küche muss gepumpt werden und die Klospülung ist ebenso total exotisch für uns Städter. Mit einem Hebel neben der Toilettenschüssel kann man mit einer Aufwärtsbewegung Wasser in die Schüssel lassen, mit einer Abwärtsbewegung wird der Inhalt dann weggespült. Erfahrene Camper kennen das System wohl. Uns wird diesbezüglich sofort eingeschärft, dass wir den Hebel dann unbedingt wieder in die Ausgangsposition zurückversetzen müssen, da ansonsten das Wasser munter weiterläuft und irgendwann unten in der Küche landet. Alle 15 Personen teilen sich zwei Toiletten. Strategisch eher ungünstig, wie wir in der folgenden Nacht noch feststellen müssen, sichern wir uns, vermeintlich clever, gleich eines der Zimmer neben dem Bad. Wo ist jedoch die Dusche? Wie wir erfahren, befindet sich diese im Saunahäuschen, 100 Meter durch den Busch vom Haus entfernt. In der Sauna ist es übrigens zappenduster, denn, genau, es gibt keinen Strom. Der erste Abend neigt sich in Harmonie dem Ende zu. Alle sind müde und erschöpft. Wir versuchen, auf dem Sonnendeck am See noch einen Blick auf den Sonnenuntergang zu erhaschen, aber es ist fast schon einen Tick zu spät. Die Nacht ist sehr unruhig und nicht von all zu viel Schlaf geprägt. Die Entscheidung, sich das Schlafzimmer neben der Toilette zu schnappen, stellt sich nun als großer Flop heraus. Denn nicht nur, dass man jeden Schritt auf dem Dielenboden hört, den die Mitbewohner machen, nein, jeder Zweite von ihnen scheint auch eine schwache Blase zu haben, so dass in der Nacht ein knarziges Kommen und Gehen herrscht. Nach dem Frühstück starten wir zu unserer nächsten Wanderung. Die Schuhe, die über Nacht vorm Kamin trocknen sollten, sind leider noch etwas klamm.

Schuhtrockenanlage

Bei der heutigen Wanderung steht das Thema „Essbare Pflanzen“ im Vordergrund. Wir sind mutig und probieren alle uns dargebotenen Köstlichkeiten, nicht ohne uns dabei ein bisschen wie in einer Dschungelprüfung zu fühlen. Als wir mithilfe von Baumstämmen und Seilen über den Fluss balancieren müssen, halten wir schon den Atem an, ob Papa Deutschland uns wieder eine Show liefert. Diese bleibt zwar aus, doch man sieht dem armen Mann die Erschöpfung regelrecht an, als wir mehrere steile Hänge unter Zuhilfenahme von Seilen erklimmen und wieder hinabsteigen – frei nach Kevins Motto: „What comes up, has to come down again!“. Am Nachmittag lernen wir, wie man mit Birkenrinde ein Kanu bastelt (wenn auch nur im Nussschalenformat), trinken Tee aus selbst gepflückten Zedernnadeln, unternehmen eine abenteuerliche Paddeltour auf eigene Faust bei herannahendem Gewitter und sitzen geduldig wartend in der schwarzen Sauna, bis endlich alle Teenager fertig geduscht haben. Nach dem Abendessen lassen wir den gesunden Obstnachtisch (aufgeschlitzte Banane wird reichlich mit Chocolate Chips, Marshmallows und Ahornsirup gefüllt, in Alufolie gewickelt und ins Feuer geschmissen) am Lagerfeuer aus und machen uns statt dessen zu zweit zu einer Dämmerungswanderung auf. Die Idee dazu kommt von mir, nachdem ich mir am Abend zuvor von Daniel halb im Spaß, halb im Ernst, vorwerfen lassen musste, ich würde ihm „das ganze Kanada vermiesen“, weil ich immer so ängstlich sei. Todesmutig machen wir uns also auf den Weg. Sobald wir die Einfahrt zur Cabin hinter uns gelassen haben, springt ein Etwas mit großem Getöse aus dem Gebüsch auf Daniel zu. Dieser erschreckt, worauf hin auch ich mich erschrecke (dazu braucht es ja nicht viel), zumal das Etwas nicht davon ablässt, sich geifernd per Veitstanz auf uns zu zu bewegen. Als der Schreck nachlässt, sehen wir, dass es sich hier wohl um diese Silly Grouse bzw. Spruce Grouse handeln muss, von der Kevin während unserer Wanderung gestern gesprochen hat. Ein sogenanntes Tannenhuhn, das sich ganz schön aufplustern kann und Rabatz macht. Nach ein paar Sekunden sind wir dem Vieh dann wohl zu langweilig und es hüpft auf der anderen Seite der Straße wieder ins Gebüsch. Dies wird für diesen Tag (sehr zum Leidwesen meines Mannes) auch unsere einzige Wildlifesichtung bleiben. Das umgebende Sumpfgebiet bietet eine herrlich friedliche Stille, aber nicht die erhofften Elche. Für den nächsten Morgen hat Kevin angedroht, uns um 4:45 Uhr zu wecken, damit wir dem Sonnenaufgang entgegen paddeln können. Wir verbringen wieder eine furchtbar unentspannte Nacht und sind bereits um vier Uhr hellwach. Bevor das fiese Fußvolk in die Badezimmer stürmt, machen wir uns schon mal frisch und sind pünktlich zur Abfahrt bereit. Bei diesem Programmpunkt machen uns aber leider die Wolken einen Strich durch die Rechnung, zudem ist es ziemlich windig und das ursprünglich auf einer Insel geplante Frühstück muss kurzerhand zurück in die Cabin verlegt werden. Dennoch ist es eine einmalige Erfahrung, so früh morgens auf dem See unterwegs zu sein, und wir paddeln fleißige zwei Stunden, bevor wir ins Warme zurückkehren.

Danach unternehmen wir zu zweit noch eine kleine Wanderung auf dem von Kevin empfohlenen Moose Mountain Trail. Moose bedeutet übrigens Elch, und nicht, wie man vermuten möchte, Elk. Elks sind nämlich wiederum Wapitihirsche. Außer im britischen Englisch. Da heißt Elk wirklich auch Elch. Aber das führt jetzt zu weit. Die Wanderung läuft gewohnt entspannt ab, weil ich aufgrund meiner Angst, aufgefressen zu werden, den Trail fast schon entlang jogge, während Daniel eher gemütlich unterwegs ist und jetzt verdammt noch mal endlich einen Bären oder Elch sehen möchte. Dieser Wunsch wird ihm leider nicht erfüllt. Zumindest sehen wir aber riesengroße Elchspuren. Nach dem Mittagessen ist dann unser Abenteuerprogramm beendet und wir machen uns mit vielen schönen Erinnerungen, einem Minikanu im Gepäck sowie unzähligen Moskitostichen in Richtung Toronto. Und dann kommt doch noch die Belohnung für unsere Bestrebungen der letzten Tage: ein Wolf überquert vor uns die Fahrbahn. Ein schöneres Ende für diesen aufregenden Trip können wir uns nicht vorstellen. Halt – da war doch noch was. Erst Tage später beichtet Daniel mir, dass ein kleines Mäuschen durch unser Zimmer gehuscht ist. Wildlife pur – ich sag‘s ja!

Frühsport

Summer in the City

(Desirée)

Toronto

Summer in the City

Auf der College Street ist an diesem Freitagabend wie immer viel los – trendy People schieben sich über den Bürgersteig auf der Suche nach einer Dinner- oder Partylocation, die Sonne steht tief und die Luft ist noch flirrend warm. Erst vor zwei Stunden bin ich müde, geschafft und durcheinander in Toronto gelandet und konnte Daniel endlich wieder umarmen und vor allem mich in die Arme nehmen lassen. Morgen startet unser großer Roadtrip durch die Neuenglandstaaten und anschließend in den Westen Kanadas und wir schaffen es heute, an unserem letzten Abend in der Stadt, endlich auf der Terrasse des niedlichen kleinen Restaurants zu sitzen, das nur wenige Schritte von unserer Wohnung entfernt liegt. In meinem Sangriaglas schwimmen Orangenscheiben und klirren Eiswürfel und ich lehne mich zurück und weiß, jetzt wird alles wieder gut.

Sechs Wochen zuvor ...

Als wir nach unserem Abenteuer im Algonquin Provincial Park in Toronto ankommen, werden wir von der heimlichen Hauptstadt Kanadas mit offenen Armen und heißer, trockener Luft empfangen. Summer in the City! Es gibt sicherlich auch viele andere Ziele in Kanada, die einen sommerlichen Besuch wert wären, aber wir haben uns, auch aus Gründen der weiteren Reiseplanung, die uns noch etwas im Osten halten wird, für eine längere Visite in der Großstadt am Lake Ontario entschieden. Vielleicht finden wir hier einen Job, im schlimmsten Fall schauen wir uns aber einfach jeden Winkel Torontos an, denn auch hier werden wir unser diesjähriges Motto leben: „Wenig work, viel travel!“ Wenn wir bezahlte Arbeit finden ist das fein, wenn nicht, dann nicht. Arbeiten können wir in Deutschland noch genug, aber dieses Reisejahr ist einmalig.

Via AirBnB haben wir uns eine schnucklige Wohnung gemietet, die sich im Souterrain eines ebenso schnuckligen viktorianischen Stadthäuschens befindet. Tagsüber ist sie zwar etwas düster mangels Tageslicht und entspricht bei Ankunft auch leider nicht so ganz unserem teutonischen Sauberkeitsstandard, stellt aber zu unserem kleinen Zimmerchen in Winchester oder gar der einfachen Cabin im Algonquin Park ein famoses Upgrade dar. Der größte Trumpf ist eindeutig die Lage, welche wir uns ganz unbewusst optimal herausgepickt haben. Wir wohnen am Rand von Little Italy/Little Portugal in einer idyllischen kleinen Avenue voll mit Einfamilienhäusern, müssen aber nur 50 Meter laufen und befinden uns mitten im Leben auf der wuseligen College Street. Nachteil unserer neuen Adresse ist jedoch die Tatsache, dass man ohne Anwohnerausweis nicht einfach so auf der Straße parken darf. Diesen kurzfristig zu bekommen ist schier unmöglich und so muss ein extern angemieteter Parkplatz her. Das gilt als sehr schwieriges Un-

Selfie vor der Skyline Torontos

terfangen, wir haben aber großes Glück und finden über den Online-Anzeigenmarkt Craigslist einen der in der Großstadt heiß begehrten Parkplätze nur zwei Straßen weiter. Per Mail kommunizieren wir mit dem Vermieter, überweisen online die im Rahmen bleibende Miete und innerhalb weniger Stunden haben wir ein sicheres Plätzchen für unser Schätzchen gefunden. Hier zeigt sich, wie noch so viele weitere Male während unseres Kanadajahres, dass es für jede Herausforderung eine Lösung gibt und sich immer alles irgendwie fügt.

Einen ersten Eindruck von der Vielseitigkeit Torontos erhalten wir bereits am Ankunftstag, als wir an der nächsten Straßenkreuzung in eine spontane kolumbianische Straßenparty geraten. Die Cafeteros feiern da gerade ihren Achtelfinalsieg bei der Fußballweltmeisterschaft. Auch wenn man es als Frankfurter schon gewohnt ist, setzt Toronto in Hinsicht Multikulturalität nochmal ganz neue Maßstäbe. Trotzdem erleben wir es auch hier so wie in den bisher besuchten kanadischen Großstädten, dass wir uns sofort rundum wohl, willkommen und sicher fühlen. Was die Höhe der Häuser, die Anzahl der Autobahnspuren und generell die Ausmaße angeht, ist Toronto aber eine andere Kragenweite als Québec City, Montréal oder Ottawa. Da wir jedoch so zentral und schön wohnen, setzen wir unseren bisherigen Trend fort, auf die öffentlichen Verkehrsmittel zu verzichten und alles abzulatschen. So erlaufen wir uns Tag für Tag neue Straßenzüge unserer Nachbarschaft und der in der Umgebung gelegenen „Hoods“. Toronto ist definitiv eine Stadt für den zweiten Blick, die abseits des austauschbaren Downtown/Business District durch den Charme der vielen verschiedenen Neighbourhoods verzückt. Diese gruppieren sich jeweils um eine oder mehrere sehr lebendige Hauptstraßen und beziehen sich oft auf die verschiedenen Einwanderergruppen. So gibt es ein Little Italy/Little Portugal, China- und Koreatown, Greektown, usw. Die vielen Immigranten prägen die jeweiligen Viertel, in denen sie sich niedergelassen haben und tragen zu einer kunterbunten Stadt mit vielen Facetten bei. Alle diese Viertel haben gemein, dass von den trubeligen Hauptstraßen im Schachbrettmuster gemütliche kleine Avenues abgehen, reine Wohnstraßen, gesäumt von sehr nett anzuschauenden, viktorianisch angehauchten Stadthäusern. Auf diese Weise entsteht für die Bewohner eine sehr hohe Lebensqualität, denn um die Ecke warten zahllose Restaurants, Bars und Läden (der individuelle Einzelhandel ist stark im Trend), während man direkt vor der Haustür selige Ruhe hat.

Zu Gast bei den Blue Jays

Neben dem Erkunden der Stadt versuche zumindest ich auch einen Job an Land zu ziehen. Daniel ist zu sehr mit der WM beschäftigt, also durchforste ich regelmäßig die Internet-Jobbörsen, muss jedoch feststellen, dass es gar nicht so leicht ist, etwas zu finden. Vielleicht gehe ich aber auch zu halbherzig vor, denn den persönlichen Lebensläufe-Postwurf in allen möglichen Geschäften erspare ich mir und vertraue rein der Onlinewelt. Schon während unserer Zeit in Winchester kam ich auf die, wie ich zu dem Zeitpunkt noch dachte, glorreiche Idee, mir eine neue E-Mailadresse für die kanadischen Bewerbungen zuzulegen. Eine internationale, die auf .com endet, und somit das Scheitern am Spamfilter des Empfängers verhindern soll. Tolle Idee, nur stimmt mit dieser E-Mail-Adresse irgendetwas nicht, denn ich bekomme keinerlei Reaktion auf meine vielfachen Bewerbungen als Wafflemaker in einem Frühstücksrestaurant, Regaleinräumer bei einer Bekleidungsfirma oder als Dishwasher in verschiedenen Restaurants. Auch „unsere" Bewerbungen für verantwortungsvolle Tätigkeiten wie „die Kinder täglich zum Feriencamp fahren und wieder abholen", „eine Wohnung nach der Renovierung sauber machen für den Einzug" oder „Umzugskisten packen und Unkraut jäten" zeigen keinen Erfolg. Eines Tages schicken wir unsere E-Mailbewerbungen an die kanadische Fastfoodkette Tim Hortons (bekannt für leckeren Kaffee und suchterregende Donuts!) und Daniel erhält umgehend eine

Eingangsbestätigung, ich bekomme nichts. So langsam befürchte ich, dass mit meiner tollen internationalen E-Mailadresse etwas nicht stimmt, schicke die Bewerbung nochmal von der regulären deutschen Adresse und erhalte prompt die Eingangsbestätigung. Wer weiß, wie viele Jobs mir wegen der vermeintlich besseren internationalen E-Mailadresse schon durch die Lappen gegangen sind? Das nichtsnutzige Ding landet umgehend auf dem Onlinefriedhof und ich schaue zuversichtlich in meine Jobzukunft. Das mit Tim Hortons wird allerdings nichts, da die Filiale, für die gesucht wird, für unser Empfinden viel zu weit weg von unserer Wohnung liegt. Wir besinnen uns also auf unsere Kernkompetenzen und zeigen unternehmerisches Geschick, in dem wir selbst eine Anzeige auf Craigslist schalten, in der wir unsere (in Winchester professionalisierten) Gartenarbeitskünste anbieten. Leider erhalten wir auch hier keine Anfragen. Dann aber kommt der große Lichtblick: Die University of Toronto zeigt Interesse an uns und vertraut in unsere Fähigkeiten. Gesucht werden Teilnehmer an einer Studie über Partnerschaften – ist doch genau unser Ding. Für ein kleines Taschengeld müssen wir zweimal in der Uni erscheinen, um getrennt voneinander an einer Computerbefragung teilzunehmen und zusätzlich müssen wir eine Woche lang mehrmals am Tag, kraft einer App, Fragen zum Thema Beziehung beantworten. Was am Anfang noch spaßig anmutet, wird schnell zu einer nervigen Routine, aber wir haben ja nichts anderes zu tun, und am Ende der Woche halten wir dann glücklich unsere ersten kanadischen „Gehaltsumschläge“ in den Händen.

So langsam fangen wir an, gemütliche Couchabende mit unseren Freunden zu vermissen. Jede über das obligatorische „How are you“ hinausgehende soziale Interaktion wird von uns freudig begrüßt. So kommt es uns ganz recht, dass Daniel weitläufige Verwandtschaft im Großraum Toronto hat, die uns unbedingt sehen will. Es handelt sich um den Cousin von Daniels Mutter, Onkel Robert, der hier mit seiner Frau Jeanne sowie seiner erwachsenen Tochter Monica (die ungefähr in unserem Alter ist) mit Mann und Tochter lebt. Daniel hat diesen Zweig der Familie vor 20 Jahren bei einem Kanadaurlaub mit seinen Eltern kennenlernen dürfen. Damals war er noch ein Backfisch, die Kommunikation lief auf Denglisch und unter Zuhilfenahme der Hände ab, was jedoch blieb, ist die Erinnerung an einen wunderschönen Urlaub im Traumland Kanada mit Baseball, Angeln und Co. Nun plant Monica eine Überraschungsparty für ihren Mann Ron und wir werden dazu eingeladen. So lerne ich die Verwandten kennen und Daniel sieht sie alle nach vielen Jahren wieder. Ein bisschen flattern die Nerven schon, als wir vor Monicas Haus stehen und auf den Klingelknopf drücken, aber diese Aufregung ist innerhalb von Sekunden verflogen, denn wir werden herzlich willkommen geheißen, nicht nur von der Familie, sondern auch von allen anderen Gästen. Als Ron dann zu seiner Überraschungsparty stößt, ist er natürlich doppelt verdutzt, einmal wegen der Party an sich und dann auch noch wegen der fremden Leute, die da in seinem Wohnzimmer mit Sektgläsern in der Hand stehen. Aber auch hier ist das Eis schnell gebrochen, und wir verbringen einen wunderschönen Nachmittag, auf den im Jahresverlauf noch weitere Treffen folgen sollen, insbesondere, weil im Familienkreis noch zwei Hochzeiten anstehen, zu denen wir natürlich anreisen werden.

Toronto hat nicht nur als Stadt viel zu bieten, es bestehen auch zahlreiche lohnende Ausflugsziele in der näheren Umgebung, wie zum Beispiel die Niagarafälle, die sich in der Stadt Niagara Falls an der Grenze zu den USA befinden. Der Niagara River stellt die natürliche Grenze zwischen den USA und Kanada dar und die Stadt auf der amerikanischen Seite heißt irritierenderweise auch Niagara Falls und verfügt ebenso über Niagarafälle. Nur heißen sie in den USA Bridal Veil- bzw. American Falls und in Kanada Horseshoe Falls. Da ich schon einige negative Reiseberichte in Bezug auf die Wasserfälle gelesen hatte, nähere ich mich unserem Ausflugsziel mit ambivalenter Vorfreude. „Abzocke, zu touristisch, total unspektakulär, Bettenburgen, Klein-Las-Vegas, ...“, das sind nur ein paar der Negativbilder, die den Falls, vor allem aber dem gleichnamigen Ort, anhaften. Ich bin auf alles gefasst – ich habe ja ohnehin die sehr optimistische Einstellung „Immer vom Schlimmsten ausgehen, dann kannst du nie enttäuscht werden“. Wir parken unser Auto ein paar Meter außerhalb vom Zentrum. Dieser Touristenabzocke (15 bis 20 Dollar Parkgebühren nahe der Fälle) entkommen wir diesmal somit. Auf dem Spaziergang zum Zentrum bzw. zum Ort des Gesche-

Niagara Falls

hens erhalten wir immer wieder einen „short glimpse“, wie die Kanadier sagen, auf die Wasserfälle. Ja, hier stehen viele große und hässlich aussehende Hotels, aber wir wollen ja auf das „donnernde Wasser“ (so die Übersetzung des Wortes Niagara) schauen, da haben wir keine Augen für die Bausünden der Nordamerikaner. Am Niagara River entlang führt ein schöner Weg, von dem aus man einen tollen Blick sowohl auf die amerikanischen als auch auf die kanadischen Fälle hat. Wir laufen ein kleines Stückchen und bleiben dann immer wieder voller Bewunderung für das schöne Bild, das sich uns bietet, stehen und knipsen natürlich fleißig. Je näher wir dem eigentlichen Wasser-„Fall“ kommen, desto lauter wird es. Ihrem Namen machen die Fälle alle Ehre. Wahnsinn, was da für Wassermassen herunterkommen … und noch viel wahnsinniger, wie das spritzt.

Harmonie vor der Klettertour

Wir werden immer nasser, die Kamera muss zwischendurch immer wieder trocken gelegt werden. Das Wetter spielt glücklicherweise auch mal wieder super mit. Uns gefällt, was wir hier sehen. Es ist uns egal, ob es Wasserfälle gibt, die noch höher und in eine unberührtere Landschaft eingebettet sind, es ist uns wurscht, dass der Ort grässlich ist (wir müssen ja nicht bleiben) und die Hoteltürme uns quasi auf den Nacken drücken – wir genießen einfach den Blick auf die Niagarafälle! Deswegen sind wir hier. Wir laufen und laufen und laufen am Fluss entlang. Und stellen auf einmal fest, dass wir ungefähr auf der „Höhe“ unseres Autos sein müssten, nur dass wir halt gerade am Flussufer sind und unser Auto ein gutes Stück oberhalb (getrennt durch einen bewaldeten und steilen Hang) steht. Es gibt keinen direkten Weg, wir müssen umdrehen und den gleichen Weg zurück laufen, was Daniel für völlig übertrieben hält, wenn man genauso gut querfeldein klettern kann. Mein Puls erhöht sich und selbstverständlich ganz ruhig rede ich auf meinen Ehemann ein. „Wir können hier nicht einfach durch den Wald laufen, das ist außerdem auch viel zu steil, und hier sind sogar Zäune …“. Daniel sagt schon gar nichts mehr, ich merke ihm nach fünf Ehejahren jedoch an, dass es in ihm weiter arbeitet: „Hier muss es doch irgendeine Möglichkeit geben, schneller zum Auto zu kommen …“. Kurz darauf erblicken wir den Beginn eines Trampelpfades, der von dem belanglosen Hinweisschild, dass dieser Weg geschlossen sei, geziert wird. Mein Mund predigt Wasser, meine Beine trinken Wein und ich beobachte mich entsetzt dabei, wie ich diesen Pfad entlang trampele. Auf halber Strecke werde ich der Tatsache gewahr, dass ich Höhenangst habe und wenn ich es nun nicht mehr weiter nach oben schaffen sollte (weil es sehr steil ist und der Trampelpfad schon längst aufgehört hat), ich auch nicht mehr runter könnte, aufgrund eines akuten Panikschubs. Auf allen Vieren gelingt es uns jedoch, das Geländer, das oben am Straßenrand steht (damit niemand diesen steilen Abhang runterrutscht!) zu ergreifen und was sehen wir? Wir stehen DIREKT vor unserem Auto. Was sind wir doch für Pfadfinder!

Auf geht es zum nächsten Programmpunkt: die idyllische Ortschaft Niagara-on-the-Lake. Wie der Name schon anmutet, liegt das Städtchen am Lake Ontario bzw. an der Mündung des Niagara River in den See. Hier wohnt das Geld! Ein Haus ist schöner und die Gartenanlage gepflegter als das/die andere. Unzählige Weingüter finden sich in der näheren Umgebung und bieten Kostproben auf ihren Terrassen an. Die Hauptstraße Queen Street ist gesäumt von kleinen schnuckeligen Lädchen, und leider auch von viel zu vielen Touristen. Wir fliehen Richtung Wasser, genießen die herrliche Ruhe und erblicken in weiter Ferne eine alte Bekannte – die Skyline von Toronto. Auch ein wunderschöner Tag wie dieser wird durch die untergehende Sonne beendet. Es ist für uns an der Zeit, zurück nach Toronto zu fahren, wir planen jedoch noch einen kurzen Zwischenstopp bei IKEA ein, um uns eine Matratze für unseren großen Roadtrip zu besorgen, wir wollen nämlich im Auto schlafen. Das wird sicher ein großes Abenteuer und da wollen wir es wenigstens so bequem wie möglich haben. Richtig ausgemessen haben wir unsere Karre aber natürlich nicht und so wird in der Bettenabteilung erst einmal recht herzhaft diskutiert. Zwischendurch renne ich mit dem Papiermaßband, das ja im Laden überall aushängt, zu unserem Auto, um sicher zu gehen, dass die ausgewählte Matratze nicht zu groß ist. Nach ein paar weiteren Diskussionen (ich möchte, aus Daniels Sicht, zu Lasten unserer Rücken Geld sparen) stehen wir dann aber mit unserem Einkaufsgut vor dem Auto, laden ein und fahren los. Wie gut, dass wir ein Navi haben, schnell die Adresse eingetippt und ab gehts. Ein bisschen lang kommt uns die berechnete Fahrtzeit schon vor, aber ein müder Geist hinterfragt nicht gern, so wird das schon seine Richtigkeit haben. Doch leider ist dies nicht der Fall und wir landen am völlig falschen Ende Torontos, weil ich statt „Avenue“ „Road“ eingegeben habe. Die Luft im Auto könnte mit einer quietschenden Papierschere (mit der mir meine Mutter früher meinen Pony geschnitten hat) mühelos geteilt werden, wir ändern die Adresse im Navi und landen dann 40 Minuten später in Downtown Toronto auch noch mitten im Berufsverkehr. Es ist aber auch wie verhext. Völlig geschafft kommen wir viel später als gedacht in unserem mittlerweile lieb gewonnenen Kellerloch an und dort erwartet uns schon die nächste Überraschung: das Badezimmer steht komplett unter (Ab-)Wasser. Schön ist definitiv was anderes. Notdürftig schmeißen wir Handtücher auf den Boden und verständigen unsere exzentrische Vermieterin, die direkt über uns wohnt. Man kann ihr aber keine Vorwürfe machen. Sie kümmert sich umgehend um das Problem und schon am nächsten Tag kommt ein Handwerker, der feststellt, dass es einen Wasserrohrbruch gegeben hat, direkt unter unserem Bett im Schlafzimmer. Das Schlafzimmer muss also evakuiert werden, wir nächtigen vorerst im Wohnzimmer, nehmen es aber, bis auf die Tatsache, dass wir 24 Stunden lang nicht die Klospülung betätigen dürfen, kanadisch locker. Zumindest mindert sich so auch der Mietpreis etwas.

In unsere Zeit in Toronto fällt, wie schon mehrmals angedeutet, die Gruppenphase der Fußballweltmeisterschaft. Während wir die nichtdeutschen Spiele weitestgehend auf dem Fernseher in unserer kleinen Wohnung verfolgen, feuern wir dagegen die deutsche Mannschaft beim Public Viewing im „Loose Moose" an. Hierbei handelt es sich um eine Sportsbar in Downtown, die bei den Spielen der Germans vom deutschen Konsulat zur inoffiziellen Dependance erklärt wird und uns so unsere ganz eigenen, unvergesslichen Weltmeistermomente beschert. Unter Gleichgesinnten (überraschend viele Asiaten) in Deutschlandtrikots und verschmierten aufgemalten Deutschlandfarben auf der Backe fühlt man sich gleich ganz heimisch, und die wehmütigen Erinnerungen an legendäre WM-Hoffeste in Deutschland verblassen kurzzeitig. So bekommen wir also auch fern der Heimat die Möglichkeit, den historischen Triumph der deutschen Elf standesgemäß zu feiern und nehmen Daniel eine seiner größten Befürchtungen anlässlich unseres Reisejahres.

Da geht's lang

Toronto selbst hat in sportlicher Hinsicht natürlich auch einiges zu bieten und so schauen wir sowohl den Blue Jays beim Baseball wie auch dem Toronto FC beim Fußball zu. Daniel besitzt eine große Leidenschaft für den Baseballsport und hat es durch mühevolle Erklärungsarbeit über die letzten Jahre tatsächlich geschafft, auch in mir ein gewisses Verständnis für dieses für uns Europäer so bizarre Spiel zu schaffen und sogar ein bisschen Begeisterung zu wecken, zumindest was das Live-Erlebnis im Stadion angeht. Das Rogers Centre, die Heimspielstätte der Jays, steht direkt neben dem CN-Tower und bildet im Verbund mit diesem wohl das bekannteste Postkartenmotiv Torontos. Wir schlendern eines lauen Sommerabends also runter in die Stadt, vereinen uns Straßenzug für Straßenzug mit mehr blau gekleideten Stadiongängern und nehmen unsere Plätze im Oberrang ein, für die wir trotz des Abstands zum Hauptgeschehen immer noch einen stolzen Preis berappen mussten. Auch die Verpflegung im Stadion ist der natürliche Feind eines jeden Sparschweins, aber man gönnt sich ja sonst nichts.

Stadionwurst auf kanadisch

Wir genießen das typische, entspannte Flair rund um das Spiel, das man schwer beschreiben kann und mal erlebt haben sollte. Die Blue Jays bekommen über die drei Stunden nur leider so gar nichts auf die Reihe und dementsprechend ordentlich aufs Dach, wir aber lassen uns die gute Laune nicht vermiesen.

Ein paar Tage später steht dann der Besuch beim Toronto FC auf dem Programm. Auch hier befindet sich das schnucklige Stadion mitten in der Stadt und für uns in Gehweite, sehr angenehm. Das Publikum ist stark von Familien geprägt und die Stimmung ist ebenso sehr familiär und nicht so aufgeladen wie bei der heimischen Bundesliga. Trotzdem steht man zu seinen Farben und lässt dem Sport erfreulicherweise viel Raum bei wenig Show, kennt man in Nordamerika ja auch anders. Das Geschehen auf dem Rasen findet Daniels Anerkennung, nur könnte es für unseren Geschmack auf den Tribünen jetzt aber ein bisschen emotionaler zugehen. Die Emotionen entladen sich dafür dann in der Halbzeitpause bei uns, als ich einen 100-Dollar-Gutschein für ein Sportgeschäft gewinne. Dieser Ausflug hat sich also im wahrsten Sinne des Wortes gelohnt. In der zweiten Hälfte liegt das Abendrot über dem Stadion und taucht das Geschehen in ein magisches Licht, leider lässt sich der TFC davon aber nicht beflügeln und unterliegt am Ende 1:2. Wir nehmen es jedoch leicht und gehen glücklich nach Hause.

Heimspiel TFC

Nach etwa zwei Wochen in Toronto erhält unsere Reisefreude und Euphorie ihren ersten großen Dämpfer. Meine mittlerweile schon sehr betagte Oma in Deutschland wird ins Krankenhaus eingeliefert, sie ist sehr schwach und ihr Herz nicht mehr kräftig genug. Die nächsten Tage und Wochen werden zu einer innerlichen Zerreißprobe. Ich klebe förmlich an meinem Handy, um rund um die Uhr Neuigkeiten zu ihrem Befinden erhalten zu können. Nachts kann ich nicht mehr schlafen, tagsüber nichts mehr so richtig genießen. Draußen scheint die Sonne, aber in mir drin ist es dunkel. Wie sehr habe ich mich im Vorfeld davor gefürchtet, dass einem Familienmitglied etwas zustößt, während wir unterwegs sind. Es ist nahezu offensichtlich, dass meine Oma diesen Krankenhausaufenthalt nicht überleben wird. Auch wenn man lernt, sich mit dieser Tatsache abzufinden, insbesondere vor dem Hintergrund, dass sie schon ein langes Leben hinter sich hat und wir sie vor unserer Abreise noch oft besucht haben, so ist es natürlich ein bevorstehender Abschied und eine schwere Zeit, in der ich das Gefühl habe, nicht für meine Familie, und insbesondere für meine Mutter, da sein zu können.

Wir versuchen uns in diesen Tagen, so gut es geht, abzulenken. Wir leihen uns Fahrräder und erkunden radelnd die Toronto Islands, eine grüne Oase vor den Toren der Stadt mit Sandstränden und einzigartigem Blick auf die Skyline.Wir bestaunen wilde Tiere im Zoo und kühlen uns von der Hitze in der Stadt mit diversen Museumsbesuchen ab. Aber all das mit eingezogenem Kopf und der Angst, dass das Handy jederzeit die Nachricht übermittelt, auf die man einerseits wartet, weil sie unumgänglich ist, die man aber auch mehr als alles andere fürchtet, weil sie bedeutet, dass man einen lieben Menschen verliert. Wir kommen gerade von einer Führung durch das Baseballstadion, als ich die SMS meiner Mutter lese. Trotz aller mentalen Vorbereitung wird mir der Boden unter den Füßen weggezogen. Für uns beide ist schnell klar, dass zumindest ich für ein paar Tage nach Hause fliegen werde, um insbesondere meiner Mutter in den ersten extrem schweren Tagen beizustehen. Nur zwei Tage später sitze ich im Flugzeug und von nun an laufen alle Geschehnisse wie in einem Zeitraffer an mir vorüber. Ankunft in Frankfurt, trösten, Tränen trocknen, organisieren, Hände drücken, stark sein, Zeit mit der Familie verbringen, ablenken, erledigen und gleichzeitig versuchen, Daniel, der in Toronto geblieben ist, bei unserer großen Roadtripplanung zu unterstützen, mit der ich ihn allein gelassen habe. Er hält die Stellung in unserer kleinen Souterrainwohnung, bringt das Auto zur Inspektion, sucht Campingplätze heraus, lenkt sich mit weiteren Baseballbesuchen bei den Blue Jays ab und stärkt mir aus der Ferne den Rücken. Als ich neun Tage später wieder am Flughafen in Toronto stehe und auf ihn warte, bin ich so kaputt, dass ich nicht mehr weiß, wo ich hingehöre, mich derzeit befinde und wieso ich das hier alles überhaupt mache, wenn die Familie doch das Wichtigste und so weit weg ist. Zum ersten Mal ist die unbeschwerte und aufregende Zeit erschüttert worden, aber als ich mit Daniel nun, wenige Stunden später, gemeinsam in dem gemütlichen Lokal auf der College Street sitze, sieht die Welt schon wieder ganz anders aus und ein bisschen freue ich mich auch auf die abenteuerliche Zeit, die vor uns liegt. Wer weiß, vielleicht weiß ich sie jetzt sogar noch viel mehr zu schätzen.

Entspanntes Leben auf dem Campingplatz

Von Toronto nach Boston – campend durch New England

(Daniel)

Von Toronto nach Boston – campend durch New England

Obwohl Desi gerade erst aus Frankfurt zurückgekommen ist, körperlich und geistig noch ziemlich angeschlagen, gilt es für uns nun, die Zelte in Toronto abzubrechen und weiterzuziehen. Das Ziel heißt Boston, Massachusetts, wo mein Cousin Rob Mitte August, also in einer Woche, seine Hochzeit feiern wird. Wir sind somit terminlich gebunden und lernen, nicht zum letzten Mal, dass die Reiseplanung nur selten Rücksicht auf Befindlichkeiten nimmt. Vielleicht tut der Tapetenwechsel aber auch ganz gut, und da wir nun den ersten richtig großen Roadtrip starten und dabei einige Nächte im Auto verbringen werden, ist uns ganz abenteuerlich zumute.

Umzug ins Auto

Ein wirkliches Probeliegen im Auto hat zwar nicht stattgefunden, aber die Innenmaße des Explorers sowie die Erfahrungsberichte unserer Vorbesitzer stimmen uns optimistisch. Mit einer passenden Matratze sind wir ja nun ausgestattet, und wenn dann abends das Gepäck auf den Vordersitzen Platz nimmt, sollte unserer Nachtruhe eigentlich nichts mehr im Wege stehen. Dazu aber später mehr.

Die Einladung zur Hochzeit in Boston kommt uns recht gelegen, denn eine Neuenglandreise steht schon länger auf unserer bescheidenen „Bucket list“ und so verbinden wir das Angenehme mit dem Nützlichen und unterbrechen unser kanadisches Abenteuer für einen kleinen Abstecher in die USA. Außerdem bildet die Fahrt eine Art Generalprobe für den ganz großen Trip, denn nach dem Hochzeitswochenende soll es für uns von Boston in Richtung Vancouver gehen, also einmal quer über den Kontinent. Es ist schon sehr spannend, dass sich, seitdem wir hier auf eigenen vier Rädern unterwegs sind, ein Teil meiner Gedankenwelt stets um das Wohl unseres Autos dreht. Ist der Ölstand okay, wie schauen die Reifen aus, was macht die Kühlflüssigkeit und so weiter. Das Vehikel wird gehegt und gepflegt, verwöhnt durch gutes Zureden und liebevolle Gesten. Daheim in Deutschland steht das „wirkliche“ eigene Auto, vor Jahren vom mühsam verdienten Geld neu gekauft und bar bezahlt, und wird behandelt wie ein Stiefkind, was ich zu meiner eigenen Schande gestehen muss. Hier der 14 Jahre alte Ford Explorer, eckig, kantig und vom Roadtripleben gezeichnet. Und da werde ich zum Autoflüsterer. Vielleicht lerne ich ja daraus. Nun geht es erst einmal auf nach Vermont, unserem ersten Zwischenstopp, was zwangsläufig mit der Einreise in die USA verbunden ist. Das ist bekanntlich nicht immer eine entspannte Angelegenheit. Wir haben schon fünf Stunden Fahrt in den Kleidern und das Auto ist bis zum Dach voll mit unserem Gepäck, Campingequipment, Vorräten sowie noch einer ordentlichen Menge guter Laune.

Bettkofferraum

Der größte Teil des Tagesabschnitts ist absolviert und wir reihen unser Gefährt an der kanadisch-amerikanischen Grenze brav in die Warteschlange ein. Schon schaut auch der Drogenhund vorbei, will aber glücklicherweise nichts weiter von uns wissen. Auto für Auto schieben wir uns langsam vorwärts, bis wir zum Häuschen von Officer No. 1, männlich, vorfahren dürfen. Wir übergeben unsere Pässe und werden erst einmal mit den üblichen Fragen bombardiert, wobei uns „Is this a rental car?“ schon ein wenig amüsiert. Ja, der neueste Hit bei Hertz und Co: Ford Explorer, 14 Jahre alt mit Schrammel-Dachbox. Natürlich reißen wir uns aber zusammen und antworten artig nach bestem Wissen und Gewissen. Nun werden wir gebeten, zur „Secondary Inspection“ vorzufahren, die Pässe behält der gute Mann. Wir tuckern also zum Grenzhauptquartier, wo schon Officer No. 2, ebenfalls männlich, wartet und uns recht nüchtern auffordert, das Fahrzeug zu verlassen, genug Geld mitzunehmen (die Einreise kostet sechs Dollar pro Person) und ihm den Autoschlüssel auszuhändigen. Desi nähert sich einer gewissen Empörung, aber es hilft ja alles nichts. Ich habe mich schon lange damit abgefunden, dass man hier am besten einfach gute und geduldige Miene zum bösen Spiel macht. Denn der Grenzfuzzi sitzt ja leider doch am längeren Hebel. Wir trollen uns ins Gebäude, nehmen Platz und warten darauf, dass wir aufgerufen werden. Auch wenn bei der Grenzstation selbstverständlich alles höchst offiziell vonstattengeht, bleiben sich die Amerikaner hier treu und rufen uns beim Vornamen auf. Über magische Wege sind unsere Pässe bei Officer No. 3, weiblich, gelandet, die jetzt aber echt den Eindruck erweckt, als würde sie zum Lachen ganz tief in den Keller hinunter steigen. Wir bekommen die Einreiseformulare ausgehändigt, ich blöderweise auf Französisch, aber vor lauter Respekt wage ich kaum nach dem Englischen zu verlangen. Desi wiederum verwechselt mal wieder Road mit Avenue und befürchtet noch Wochen später, von NSA oder CIA dingfest gemacht bzw. mindestens irgendwo getasert zu werden. Acht Fingerabdrücke und zwei Augenfotos später werden wir grimmig dazu aufgefordert, an die Kasse zu kommen. Dort entrichten wir die vollkommen gerechtfertigte Servicegebühr, bekommen unsere Pässe ausgehändigt und dürfen uns bei Officer No. 2 auch unsere Schlüssel wieder holen. „That was quick", meint der Kollege noch und es kostet mich etwas Mühe, Desi weiterzuschieben, ehe ihr eine schnippische Antwort einfällt. Erleichtert hüpfen wir in den Wagen und lassen die Grenzstation schnell hinter uns. Welcome to America, vor einiger Zeit auch mal bekannt als das „Land of the Free".

Jetzt freuen wir uns auf die vor uns liegenden Tage und brausen durch den lauen Sommerabend in Richtung Smugglers Notch State Park, wo auf dem dortigen Campground ein Plätzchen auf uns wartet. Der Smugglers Notch ist ein zerklüfteter Pass durch die Green Mountains und war zu Zeiten der Prohibition ein Schmuggelpfad vom liberalen kanadischen Montréal in die verstockten USA. Noch heute ist der Weg über den Pass fahrerisch eine Herausforderung, gleichzeitig aber wunderschön. Abgesehen von einer Jugendgruppenreise mit jeweils 17 Jahren verfügen übrigens weder Desi noch ich über große Campingerfahrung. Was nicht ist, kann aber ja bekanntlich noch werden. Ich freue mich jedenfalls riesig darauf, abends am Lagerfeuer zu hocken, mit simplen Mitteln möglichst leckere Dinge zu kreieren und dann zum Schlafen in die Karre zu krabbeln. Wir checken beim Ranger ein, kaufen Feuerholz und fahren zu unserer „Site". Dort machen wir erst mal eine irritierende Entdeckung. Zu unserem Stellplatz inklusive Feuerstelle und Picknicktisch kommt man nur über eine Treppe. Wie soll das mit dem Auto klappen? Ziemlich schnell wird uns klar, dass wir lediglich einen Zeltplatz gebucht haben, dummerweise schlafen wir aber ja im Auto. Demütig ergeben wir uns auch dieser Lektion, stellen das Auto am Treppenabsatz ab und schleppen unser Equipment Stück für Stück nach unten. Dass das Auto am Hang steht, werden wir dann in der Nacht merken, wenn die Schwerkraft ihren Dienst tut. Trotz dieser Widrigkeiten fühlen wir uns auf Anhieb pudelwohl. Der Campingplatz ist sehr gepflegt, liegt idyllisch im Wald und die blitzsauberen sanitären Einrichtungen sind nur einen Steinwurf von unserem Park- und Schlafplatz entfernt. Ich kümmere mich enthusiastisch um das Feuer, Desi sortiert unser Inventar, und nach dem Genuss etwas bizarrer Geflügelbratwürste, die Auswahl im lokalen General Store war sehr beschränkt, ist es auch schon Zeit für die Nachtruhe.

Für das Wichtigste ist gesorgt

Trotz leichter Schieflage schlummern wir die beiden hiesigen Nächte selig, nie im Leben hätten wir gedacht, dass das im Auto so bequem wird. Bis dahin ist die ganze Sache also ein voller Erfolg. Vermont an sich gefällt uns auch sehr. Die prägenden Green Mountains ähneln unserem Voralpenraum und versprühen das entsprechende Ferienflair. Kühe, Wälder und Berge umrahmen reizende kleine Ortschaften, deren Läden und Herbergen so typisch amerikanische Namen wie „Edelweiß“ und „Innsbruck Inn“ tragen. Die größte Stadt Vermonts, Burlington, hat nur etwas über 40.000 Einwohner, man ist hier also völlig entspannt unterwegs. Unsere Tage verbringen wir mit einer obligatorischen Fabriktour beim Eishersteller Ben & Jerry's, cruisen durch die Wiesen und Hügel, die Nase stets im Sommerwind, unternehmen eine schweißtreibende Wanderung und erfreuen uns unseres Daseins.

Campingplatz in Kennebunkport

Die nächste Etappe führt uns dann durch New Hampshire (martialisches Staatsmotto: „Live free or die“) nach Maine, an die Atlantikküste. Nach Zwischenstopp und Lunch in Portland übernachten wir auf einem Campingplatz bei Kennebunkport. Hier haben wir scheinbar bei der Buchung alles richtig gemacht. Wir können mit dem Auto direkt auf unseren Platz fahren, haben einen Stromanschluss und stehen auch sauber in der Waagerechten. Zum Abendessen gibt es eine deliziöse Schweinelende vom Grill, und wir können dabei endlich das Backblech einsetzen, welches uns bei einem Stadtspaziergang in Toronto zugelaufen war. Im Aus-, Ein- und Umpacken unseres Autos gehen wir mittlerweile semiprofessionell vor und nutzen die gewonnene Zeit, um ein Rommé „zu kloppen“. Wenn wir wüssten, wie viele hundert Spiele diesem im Jahresverlauf noch folgen werden ... Zum Frühstück freuen wir uns darauf, die Heißgetränke ganz komfortabel mit Wasser aus dem elektrischen Wasserkocher zu zaubern, doch ich kann diesen beim besten Willen nicht in der Dachbox finden. Rückblende: Am Tag zuvor werden wir auf dem Highway von einem anderen Autofahrer durch wildes Gestikulieren darauf aufmerksam gemacht, dass mit eben jener Dachbox irgendetwas nicht zu stimmen scheint. Bei der nächsten Gelegenheit fahren wir vom Highway ab und stellen fest, dass die Box nicht richtig verschlossen war und vom Fahrtwind zum Teil geöffnet wurde. Atmosphärisch kommt diese Erkenntnis ziemlich uncool, meine Frau ist absolutely not amused. Wenn etwas rausgeflogen wäre, hätten wir das aber doch mitbekommen, oder? Anscheinend nicht, denn wie es nun aussieht, ist der Wasserkocher hopsgegangen. Dieser Verlust allein wäre ja noch schmunzelnd hinnehmbar, im Laufe der nächsten Tage verbuchen wir aber noch weitere Abgänge: Desis Skihose, meine Skiunterhose, Schal, Handschuhe, iPod sowie Pulsuhr inklusive Brustgurt (warum ich Letzteres überhaupt mit nach Kanada geschleppt habe, bleibt mir selbst ein Rätsel). Sehr ärgerlich das Ganze, letztendlich handelt es sich aber dann doch nur um „Dinge“. Hoffentlich ist nun wenigstens jemand im Besitz dieser Gegenstände, der sich darüber freut und sie, wie ich mir von Desi nicht ganz unberechtigt vorwerfen lassen muss, mehr zu schätzen weiß ... und auch seine Dachbox immer richtig verschließt. Dieses Thema bleibt übrigens eine Art schlechter Running Gag, denn einige Tage später werden wir abermals auf dem Highway darauf aufmerksam gemacht, dass die Dachbox nicht richtig verschlossen ist. Manchmal ist das mit dem Lerneffekt so eine Sache. Jedenfalls gibt es erst einmal keinen Kaffee und Tee, das holen wir dann aber später im schnieken Hafenstädtchen Kennebunkport nach, in dem sich die Ostküstenprominenz manch nettes Anwesen gönnt.

Kennebunkport

Der nächste Reiseabschnitt führt uns über eine mittägliche „Lobster Roll" in Portsmouth, New Hampshire, nach Salem in Massachusetts. Wir erhalten unsere Platzinformation am Check-in des Campgrounds und suchen unser Plätzchen. Wie sich herausstellt, liegt dieses direkt hinter dem Strand, was zunächst ganz toll klingt. Doch dann folgt die Ernüchterung. Wir können auch hier nicht mit dem Auto an den Platz fahren und müssten auf einem großen öffentlichen und geteerten Parkplatz parken, ergo die Nacht auch auf diesem Parkplatz verbringen. Unsere Campsite ist außerdem von den anderen Parzellen durch nichts, noch nicht mal einem Busch, abgetrennt, das heißt jeder Hansel (die Gestalten sind ohnehin etwas dubios), der vom Strand kommt, läuft über unser kleines Plätzchen Rasen, und Duschen gibt es hier überhaupt nicht. Wir sind uns augenblicklich nonverbal einig, dass wir hier nicht bleiben wollen. Es gibt diese Orte im Verlauf unseres Reisejahres, an denen man sich anfangs nicht wirklich wohl fühlt, die aber nach einer gewissen Akklimatisierung (oft gleichbedeutend mit Reinigung) durchaus an Reiz gewinnen. Es gibt aber auch diese Plätze, von denen man sofort weiß, dass es da nichts wird. Und dann muss man eben einfach konsequent sein. Ehe wir uns versehen, sitzen wir wieder im Auto und durchforsten unseren treuen Weggefährten Lonely Planet nach Bed & Breakfasts in Salem. Schon bei der dritten Adresse haben wir Glück und bekommen spontan ein bezahlbares kuschelig-kitschiges Zimmer mit riesigem Bett und Bad sowie Wi-Fi. Wir schweben im siebten Himmel. Campen ist ja schön, aber das hier? Das kommt totalem Luxus schon sehr nahe. In unserer Euphorie belohnen wir uns an diesem Abend dann im „Bella Verona" mit leckerer italienischer Cucina und Vino und schlafen später wie Romeo und Julia oder, entromantisiert, wie die

Murmeltiere. Am nächsten Morgen finden wir uns mit den anderen Gästen am großen Esstisch zum Frühstück ein und bekommen von den älteren Gastgebern Ada und Donald frisch gebackene Waffeln mit Obst serviert, inklusive obligatorischem Smalltalk. Zum x-ten Male erzählen wir von unserer Reise, wo wir schon überall waren und wo wir noch sein werden, werden zum Glück aber sofort ehrfürchtig auf „unseren“ Weltmeistertitel angesprochen, so dass wir gerne, nun ungemein gebauchpinselt, Rede und Antwort stehen. Der folgende Stadtrundgang durch Salem ist ziemlich unspannend, was aber auch an dem penetranten Dauerregen liegen könnte und daran, dass sich die Stadt selbst ausschließlich auf ihre Hexenvergangenheit reduziert, was etwas nervt. Unsere Fahrt geht, davon unbeeindruckt, weiter. Mit einem Halt und Besuch des Walfangmuseums in New Bedford steht als letztes Zwischenziel vor der Hochzeit Cape Cod auf unserer Agenda. Bei garstigem Wetter erreichen wir unseren Campingplatz, der sich nach dem Flop vom Vortag glücklicherweise nun wieder als tauglich erweist.

Unser Lagerplätzchen stellt uns voll zufrieden und auch die sanitären Einrichtungen sowie die Umgebung finden Gefallen. Toiletten und Duschen sind einfach ein nicht zu unterschätzender Faktor, wenn man ein Jahr aus dem Koffer lebt. Ein einfacher Waschsalon ist auch vorhanden und erweist uns vor der Abreise wertvolle Dienste. Vorher will aber noch ein ganzer Tag auf dem Kap verbracht werden, welches eine sehr eigene Atmosphäre verströmt und urwüchsig, strotzend grün, bewachsen ist. Trotz der nördlichen Lage kommt man sich vor wie im Dschungel. Da uns die Fähren nach Martha's Vineyard und Nantucket leider zu lange für die Überfahrt brauchen, entscheiden wir uns für eine gemütliche Fahrradtour im Norden Cape Cods. Aus gemütlich wird bei mittlerweile hochsommerlichen Bedingungen ziemlich schnell schweißtreibend. Auch ein kurzer Abstecher an den Strand kann nicht wirklich für Abkühlung sorgen, obwohl wir bzw. insbesondere ich durch zu mutiges An-der-Brandung-Sitzen kräftig durchgespült werden. Der männliche Stolz erlaubt kein schnelles Aufspringen, so kann nur Desi der Gischt entkommen und mir dabei, zum Glück, hektisch den Rucksack mitsamt Laptop entreißen. Die Gemüter und Textilien müssen anschließend kurz in der Sonne kühlen bzw. trocknen, bevor wieder eine normale Konversation möglich ist.

Nach dem Rückradeln sind wir ziemlich platt, stoppen auf der Heimfahrt noch für ein paar Besorgungen und müssen so langsam feststellen, dass nichts über die Grillauswahl beim heimischen Metzger geht. Wir finden nicht so wirklich zu überzeugen wissendes BBQ-Hähnchen, hauen uns zeitig in die Falle und rüsten uns am nächsten Morgen für das Hochzeitswochenende in Boston, der Wiege der amerikanischen Unabhängigkeit, wo unsere kleine Neuenglandreise ihren glanzvollen Abschluss finden soll. Seit dem Erhalt der Einladung schweben wir in aufgeregter Vorfreude auf das, was uns erwartet. Fancy Ostküstenhochzeit in exklusiver Lage am Bostoner Seaport, dazu großes Wiedersehen bzw. Kennenlernen mit meinem amerikanisch-kanadischen Teil der Verwandtschaft. Die Tante meiner Mutter war kurz nach dem Zweiten Weltkrieg nach Kanada ausgewandert und hat dort drei Söhne in die Welt gesetzt, also die Cousins meiner Mutter. So richtig kenne ich nur Onkel Robert plus Anhang aus Toronto sowie Onkel Chris und Kinder aus New Jersey von besagtem dreiwöchigen Kanadaurlaub im Jahr 1995. Rob, der Sohn von Uncle Chris ist es, der nun heiratet. Rob ist in unserem Alter und hat vor einigen Jahren Europa bereist und uns dabei getroffen, wir haben uns auf unserer Hochzeitsreise ein Jahr später revanchiert. Den Rest der Sippe treffen wir aber zum ersten Mal und so ist mir schon etwas kribbelig zumute. Zumal, von den Onkels abgesehen, auch niemand der Verwandtschaft ein Wort Deutsch spricht. Aber natürlich werden wir das meistern, und haben ja zum Glück im Juli in Toronto schon mal erste Bestrebungen zur Vertiefung der Familienbande angestellt.

Marconi Beach, Cape Cod

Als Unterkunft wählen wir das vom Hochzeitspaar vorgeschlagene Hotel in der Nähe der Feierlocation und erreichen dieses am Vortag der Hochzeit gegen Mittag. Das Parken stellt uns vor eine größere Herausforderung, denn mit unserer Dachbox-Mühle kommen wir ja nicht in jedes Parkhaus. Und wir wollen auch nicht Unmengen an Dollars für die Unterbringung unseres Autos loswerden. Hier ist also erst mal eine Preisabwägung der unterschiedlichen Alternativen angebracht. Desi wirft mir vor, dass ich mich auch schon früher mit dieser Thematik hätte beschäftigen können. Hatte ich ihr etwa nicht zugehört, als sie mir all die Möglichkeiten schon mal erläutert hatte? Eine relativ kurze und ganz rational geführte Diskussion entfacht, während dieser selbstverständlich keine Autotüren knallen oder laute Worte fallen, und schon steht unser Schätzchen auf einem Parkplatz direkt neben dem Hotel. War ja gar nicht so schwer. Wider Erwarten können wir bereits jetzt schon einchecken und erhalten an der Rezeption kleine Tütchen, die das Hochzeitspaar für seine Gäste vorbereitet hat. Das gefällt uns natürlich gut, da wir lauter kleine Leckereien darin finden sowie eine Einladung zum Cocktail am Abend und zum Frühstück am Tag nach der Hochzeit. So lässt es sich reisen. Im Hotelzimmer ausruhen schenken wir uns aufgrund des kurzen Aufenthalts, also geht es gleich auf in die Stadt. Wir waren auf bereits erwähnter Hochzeitsreise vor einigen Jahren in Boston, kennen uns somit schon etwas aus und erkennen gleichzeitig die Umgebung nicht mehr wieder. Der Seaport District, einst raues Industriegebiet, wurde ziemlich aufgehippt. Jaja, die Gentrifizierung ... Nur eine Viertelstunde strammes Spazieren und wir stehen mitten in Downtown. Wir haben keinen Druck, die Sehenswürdigkeiten abzuklappern, da wir das letzte Mal schon mit dem jetzigen Bräutigam den kompletten „Freedom Trail" abgelaufen sind. Wohl haben wir aber Druck, für Desi noch ein adäquates Paar Schuhe für den Cocktailempfang zu finden. In diversen Campingduschen verwaschene Flipflops und lehmverschmierte Wanderschuhe sind anscheinend nicht geeignet, die Schuhe für die Hochzeit sind „too much". Frauenprobleme! Wir werden glücklicherweise fündig und eilen zurück zum Hotel, denn wir sind mit den Torontonians, also dem kanadischen Teil der Familie, zum Abendessen verabredet. Den Vormittag des Hochzeitstags verbringen wir dann mit einem Bummel durch das historische Beacon Hill, das durch Kopfsteinpflaster und Gaslaternen den Charme vergangener Zeiten versprüht.

Wie angenehm, dass die Hochzeit erst um 17 Uhr startet, so haben wir fast noch den ganzen Tag Zeit. Die Hochzeitszeremonie ist dann wider Erwarten kurz und schmerzlos, obwohl Letzteres eher sprichwörtlich gemeint ist, denn die Braut vergießt schon beim Einzug reichlich Tränen. Aufgelockert wird die ergreifende Atmosphäre dadurch, dass bei einem meiner Onkel das Telefon klingelt und er ganz entspannt abnimmt und telefoniert, während nur ein paar Meter weiter vorne gerade die Ringe getauscht werden. Die weiteren Feierlichkeiten ziehen wie in einem schnellen Film an uns vorbei, vielleicht ist das ein oder andere Gläschen Wein daran schuld. Der übliche Hochzeitswalzer kommt schon vor dem Essen, es gibt ein paar kurze Reden der Trauzeugen und Eltern, nach denen jeweils das vom Servicepersonal bereitgestellte Sektglas gehoben wird. Im Anschluss an die Reden wird dieses übrigens umgehend abgeräumt, egal, ob man schon ausgetrunken hat oder nicht. Es folgen eine Vorspeise und eine Hauptspeise, dann wird getanzt. Der Trauzeuge kriegt sich fast nicht mehr darüber ein, dass „ze Germans" den Bon-Jovi–Klassiker „Livin' on a prayer" fehlerlos mitgrölen können. Recht schnell wird die Hochzeitstorte aufgetischt und um 23 Uhr gehen die Lichter wieder an und die verbliebene Feiermeute (es sind nicht mehr allzu viele Gäste übrig) zieht weiter an die Hotelbar zur Afterparty. Das ist doch mal eine Hochzeits-Bettgeh-Zeit ganz nach Desis Vorstellungen. Mit dem Essen hat jedoch offensichtlich irgendetwas nicht gestimmt, denn meiner Frau ist es am nächsten Morgen zunächst gar nicht wohl. Mit gutem Willen und nur etwas Anstrengung passen dann aber Ei und Speck wieder rein und wir verabschieden uns von der lieb gewonnenen, erweiterten Familie. Das Adieu fällt nicht allzu schwer, denn bereits im Oktober sehen wir uns alle wieder, wenn die Hochzeit von Robs Schwester Carolyn auf dem Plan steht. Bis dahin geht aber noch einiges Wasser die Niagarafälle runter.

Blick auf Banff vom Sulphur Mountain

Trans-Canada Highway – einmal quer durch Kanada

(Daniel)

Trans-Canada Highway – einmal quer durch Kanada

Nach dem Hochzeitswochenende in Boston haben wir 16 Tage Zeit, um nach Vancouver zu gelangen, wieder einmal sind wir terminlich gebunden, da Anfang September unser Schiff nach Alaska ablegt. Ganz schön viele Verpflichtungen für so eine „Auszeit". Unsere gewählte Roadtriproute hat ziemlich genau 5.347,9 Kilometer, ginge auch etwas kürzer und somit spritsparender, würde man große Teile durch die USA fahren, aber das ist ja nicht ganz der Sinn unseres Kanadajahres und wir verbringen in den Vereinigten Staaten sowieso schon genug Zeit. Die Entfernung klingt gigantisch und ist auch tatsächlich kein Pappenstiel, in den veranschlagten 16 Tagen aber eigentlich lässig machbar. Da Zentralkanada jedoch vermeintlich ein kleines bisschen reizloser ist als der Osten und der Westen bzw. sich einem dessen Reize nicht ganz so schnell im Vorbeifahren erschließen, möchten wir dort gar nicht halten und lieber vor der Ankunft in Vancouver noch einige Tage in den Rocky Mountains sowie im Okanagan Valley verbringen. Dies macht unseren Fahrplan dann doch wieder ambitioniert. Um also die Zeit möglichst effektiv zu nutzen, planen wir, sonntags nach dem Check-out in Boston noch ein paar Stunden zu fahren. Ich möchte aber auch unbedingt die einmalige Gelegenheit ergreifen und Sonntagnachmittag in Boston zum Baseball gehen. Denn ein Besuch des Fenway Park, der Kathedrale des amerikanischen Baseballs, in Paarung mit einem Spiel der heimischen Red Sox, ist ein lang gehegter Traum von mir.

Fenway Park – Heimat der Red Sox

Zeitlich müsste es eigentlich passen, das Spiel beginnt um 13.00 Uhr, so dass wir spätestens um vier auf der Piste wären, das Tagesziel ist ein Campingplatz im westlichen Massachusetts, gute zwei Stunden Fahrtzeit entfernt. Leider kommt es dann, wie so oft, aber doch anders als man plant und denkt. Der eigentliche Spielbeginn ist doch erst um 13.30 Uhr und dann haben wir nach dem Spiel auch noch Schwierigkeiten unser Auto wiederzufinden, das wir kostenfrei irgendwo im Wohngebiet abgestellt haben. Zusätzlich schlägt mein nur vermeintlich schlauer Plan fehl, dem Navi ein Schnippchen zu schlagen. Das Ergebnis ist ein halsbrecherisches Wendemanöver in einer Parkhauseinfahrt und die Einreihung ganz am Ende des Staus der Heimfahrer. Ich verschlucke tapfer die Tränen der

Wut, beiße nicht ins Lenkrad und habe mich nach einstündigem Stop-and-go wieder halbwegs im Griff, als ein Stau auf der Autobahn die Atmosphäre in unserem Wagen wieder mit leichter Spannung füllt. Das Navi errechnet mittlerweile eine Ankunftszeit von kurz nach 20:00 Uhr, und es ist durchaus möglich, dass der Check-in auf dem Campingplatz nur bis zu eben dieser Zeit möglich ist. So soll es dann auch kommen. Nach einer Berg- und Talfahrt durch die tiefen Wälder Massachusetts, wieder einmal sind wir beeindruckt, wie ländlich und einsam große Teile Nordamerikas sind, erreichen wir schließlich unser Ziel. Die leider vorhandene Schranke an der Campingplatzeinfahrt ist tatsächlich schon unten, das „Office" verwaist. Auch unter der Notfalltelefonnummer erreichen wir niemanden. Mist! Trotzdem nehmen wir die Situation irgendwie ziemlich entspannt hin, wahrscheinlich sind wir zu müde für große Emotionen, und beraten uns kurz bezüglich der weiteren Vorgehensweise. Wir entscheiden umzukehren, da ich glaube, einige Kilometer vorher aus den Augenwinkeln das Wegweiserschild eines Bed & Breakfast gesehen zu haben. Wir fahren also ein Stück zurück und tatsächlich, da ist das Schild, in dieser echt einsamen Gegend ziemliches Glück. Dieses bleibt uns weiter hold. Das Haus am See sieht zwar dunkel aus, doch in einer Scheune auf dem Grundstück treffen wir auf die Inhaber Tony und Bev, die uns glücklicherweise mit einem freien Zimmer dienen können. Ganz amerikanisch unbedarft, entschuldigen sich die beiden für ihre Knoblauchfahne und bieten uns ihre „Leftovers" an, sie waren nämlich gerade mit Freunden Pizza essen. So kommt es, dass wir zum zweiten Mal auf unserem Trip kurzfristig einen Campingplatz durch ein B&B ersetzen müssen und wieder ist es, abgesehen natürlich vom finanziellen Aspekt, ein Spitzendeal. Das ganze Haus ist urgemütlich im Countrystil eingerichtet, unser Zimmer kuschelig und super sauber. Für das Frühstück am nächsten Morgen dürfen wir eine Wunschliste ankreuzen und Beverley und Toni zeichnen sich während unseres kurzen Aufenthalts durch vollkommene Entspanntheit und Herzlichkeit aus. Diese kleinen Erlebnisse und Begegnungen sind es letztendlich, die aus einem Jahr wie dem unseren etwas Besonderes machen. Wir begeben uns am nächsten Tag also ausgeruht und gestärkt auf die Weiterreise, verlassen schnell Massachusetts und durchqueren einmal komplett den Staat New York. Bei den Niagarafällen geht es über die Grenze nach Kanada, die Wartezeit ist minimal und der Einreiseakt ganz entspannt. Wir cruisen noch drei Stündchen westwärts durch Ontario und schlagen unser Quartier schließlich in einem RV-Park (RV = Wohnmobil) auf. Da dies hier eben ein RV-Park, und nicht wirklich ein Campingplatz, ist, stehen wir mit unserem Vehikel auf freier Fläche.

Hat man ein Wohnmobil, ist das natürlich wurscht, haust man aber lediglich in und um ein „normales" Auto, kommt man sich schon ein wenig nackt vor und die Privatsphäre ist stark eingeschränkt. Vor allem Desi fühlt sich dementsprechend unwohl, wozu unsere einzigen Nachbarn auch noch ihren Teil beitragen. Nebenan logiert eine Familie mit riesigem Camper, anscheinend Mutter und Vater mit zwei erwachsenen Söhnen. Allesamt sehen ziemlich gruselig aus, so ein bisschen, wie man sich in einem Horror B-Movie die Dorfbewohner in der Provinz vorstellt, die dem verirrten Touristen erst freundlich das Auto volltanken und ein herzhaftes Abendessen servieren (das Fleisch schmeckt so seltsam …), um diesen später hinterrücks zu meucheln. Auf dem Weg zur Abendtoilette grüßt Desi die Nachbarn nett, wie es landesüblicher Usus ist, erntet darauf aber nur wirre Blicke. Danach ist es vollends um ihr Wohlgefühl geschehen. Nichtsdestotrotz geht auch diese Nacht irgendwie vorüber und wir sind dank des leichten Schlafs schon früh wach und umgehend auf der Piste. Nun geht es wieder rein in die USA, genauer gesagt nach Michigan, und die Einreise verläuft diesmal glücklicherweise wieder tipptopp. Wir drehen westwärts eine Kurve um Detroit und dann geht es strack gen Norden. Zwischendurch legen wir die mittlerweile obligatorische Frühstücksrast bei Tim Hortons ein und werden spontan von Bill angesprochen: Wir seien doch sicher die „Guys“ mit dem Nova Scotia Nummernschild?! Korrekt. Das findet er überaus „awesome“ und „amazing“ und nach dem üblichen Smalltalk überreicht er uns stolz seine beiden Visitenkarten. Einmal die geschäftliche (irgendwas mit Landschaftserschließung), viel wichtiger aber die andere, die sei nämlich sein „whole life“. Bill ist Teil einer freichristlichen Gemeinde und überaus daran interessiert, uns auf der Stelle zu missionieren. Wir geben dankend zu verstehen, dass wir mit unserem derzeitigen spirituellen Zustand aber ganz zufrieden sind, und so versorgt uns Bill zum Abschluss nur noch mit den Kontaktdaten von seinem „Man“ an unserem nächsten Zielort, für den Fall eines platten Reifens oder Seelsorgebedürfnis. Wir wissen nicht wirklich, wie wir diese Begegnung einordnen sollen, viel Zeit zum Grübeln haben wir aber sowieso nicht, wir müssen nämlich weiter und setzen zwischen Lake Michigan und Lake Huron wieder nach Ontario, Kanada über. God save the Queen! Ein- bzw. Ausreise verlaufen wieder easy, der US-Grenzbeamte ist nur ob unseres Tagesziels, Sault Ste. Marie, etwas verwundert: „What’s going on there?“ Die Begründung Roadtrip nach Westen findet er aber okay. In Sault Ste. Marie oder auch „The Soo“, wie es die Einheimischen nennen, haben wir zur Abwechslung mal ein Motel gebucht. Unschlagbarer Preis und solide Kritiken. Die Unterkunft kann dann auch überzeugen, sehr schlicht, aber astrein, und Camping steht ja nach der jüngsten Erfahrung momentan eh nicht so hoch im Kurs. Leider hat uns aber mittlerweile nach wochenlangem Sommer anscheinend das derzeitige

Der Gruselcampingplatz

Wetter aus der deutschen Heimat eingeholt, es regnet und windet und die Stadt ist in ein feuchtes Grau getaucht, was ihr nicht gut steht. Der Lonely Planet hatte uns ja schon darauf vorbereitet, dass die ganz glamourösen Highlights hier ausbleiben und so bildet „Soo" quasi den Auftakt für einen Reigen sehr unprätentiöser Ortschaften auf den nächsten Etappen. Wir trösten uns abends mit einer Pizza und, dank Walmart voll versorgt, geht es am nächsten Tag wieder auf die Straße, der anstehende Tagesabschnitt ist geradezu lächerlich kurz. Lediglich eine Stunde Fahrt bringt uns in den Lake Superior Provincial Park, der uns heiß als Zwischenziel empfohlen wurde und wo wir deshalb nun zwei Nächte verbringen werden.

Sonnenuntergang am Lake Superior

Der Park schmiegt sich ans Ostufer des Lake Superior und hat einiges zu bieten. Hier campen wir wieder. Eine alternative Übernachtungsmöglichkeit gibt es nicht und aus unserem Motivationsloch sind wir längst schon wieder raus. Der Campground ist spitze, generell scheinen die staatlichen Plätze immer viel schöner zu sein als die privat geführten, was sich schon in Vermont gezeigt hatte. Wir kampieren im Wald, nur wenige Meter zum Sandstrand des Sees, unser Plätzchen ist lauschig und die Duschen prima. Lediglich ein Chipmunk ist überhaupt nicht begeistert, dass wir jetzt bei ihm wohnen, aber da muss er wohl durch. Das Wetter hat sich stabilisiert, und es fallen höchstens noch ab und zu mal ein paar Tröpfchen. Einzig Desi ist, aufgrund der zahlreichen Bärensichtungen der letzten Tage, die im Visitor Centre dokumentiert wurden, zunächst nur semi-begeistert. Dennoch wandern wir während unseres Aufenthaltes beinahe furchtlos über fünf der elf Trails des Parks, wilde und verwunschene Wege über Stock und Stein, durch Märchenwälder und an steilen Klippen entlang zu indianischen Felsenmalereien, dabei Elch und Bär dicht auf der Spur, näher aber auch nicht.

Die Verpflegung erfolgt natürlich wieder vom Grill und mittlerweile kochen wir uns sogar Nudeln über dem Feuer. Was sind wir doch für Überlebenskünstler geworden. Die beiden Tage streicheln unsere Roadtripseele und es hat sich absolutes Urlaubsfeeling eingestellt. Hier würden wir es noch einige Tage aushalten, so flexibel sind wir aber leider nicht. Auch dies ist ein Aspekt, der uns stets begleitet. Schon nach wenigen Monaten in diesem Land haben wir eine stattliche Liste mit Orten, welche wir nicht oder nur zu kurz besuchen konnten und die wir unbedingt noch bzw. zum erneuten Male sehen müssen. Irgendwie haben wir, oder besser gesagt meine Frau, doch immer den nächsten Schritt schon wieder geplant und sind nicht so flexibel, wie wir es uns noch Zuhause ausgemalt hatten. Selbst ein ganzes Jahr reicht nicht aus, um die Schönheit dieses Landes komplett einfangen zu können. Diese Erfahrung wird uns auch auf den kommenden Reiseabschnitten begleiten. Jetzt geht es aber wieder auf den rauen Asphalt, von nun an erbarmungslos Richtung Westen. In den nächsten acht Stunden durchqueren wir nur eine Handvoll Ortschaften, die größte Stadt auf dem Weg, Thunder Bay, lassen wir, im wahrsten Sinne des Wortes, links liegen und erreichen schließlich unser Etappenziel Ignace, immer noch in Ontario. Ganz schön groß dieses Kanada, der Trip offenbart einem leibhaftig die Weite des Landes, und zwischendurch kommt man auch immer wieder durch Abschnitte und Ortschaften, die nur sehr wenig reizvoll erscheinen. In Ignace ist zum letzten Mal campen angesagt, leider aber wieder in einem RV-Park. In guter Absicht hatte ich während Desis Heimataufenthalt ausnahmsweise die Planung und Buchung dieses Roadtrips übernommen und muss mir diesbezüglich jetzt etwas Kritik gefallen lassen. Man hat es eben nicht immer leicht, als Partner eines Reiseprofis. Wenigstens haben wir hier ein etwas geschützteres Plätzchen als auf dem Gruselplatz ein paar Tage zuvor, wirklich schön ist es dennoch nicht. Zu Abend speisen wir im Restaurant „Wayfare“, bestes, weil einziges, Haus am Platz. Das „Wayfare“ ist ein bisschen der Prototyp für Provinz-Restaurants an Kanadas Straßen. Das Motto lautet „Funktion ist alles, Style ist nichts“. Für einen Europäer erscheint das anfangs ästhetisch etwas fragwürdig, man lernt aber sehr schnell, dass es hier nun mal so ist. Wir werden, und das ist die Hauptsache, herzlich und reichlich versorgt, schlafen anschließend ganz gut und sind weiterhin bereit für Großtaten.

Lake Superior Provincial Park

Aufgrund sehr schlechter Wettervorhersagen haben wir den eigentlich geplanten nächsten Campingstopp storniert und somit ist unser Tagesziel offen und kann flexibel bestimmt werden. Quasi der Roadtrip in Reinform. Wir beschließen einfach solange zu fahren, bis wir nicht mehr möchten/können. Da wir beide abwechselnd am Steuer sitzen, haben wir gewisse Kapazitäten. Kurz nach dem Start müssen wir noch einem Schwarzbären die Vorfahrt gewähren, ab dann läuft es aber wie geschmiert. Es kommt fast ein bisschen Le-Mans-Feeling auf, wir fahren und fahren, durchqueren komplett Manitoba und rasten erst nach 13

Stunden und 1.109 Kilometern wieder in Moose Jaw, Saskatchewan. Ein bisschen Nervenkitzel zwischendurch kommt auf, als die Tankanzeige der Reserve gefährlich nahe kommt, aufgrund eines großflächigen Stromausfalls aber über 80 Kilometer hinweg keine einzige Tankstelle Benzin verkaufen kann. Ich büße hier ein Stückchen meiner üblichen Souveränität ein, es geht ja immerhin um das heilige Auto, aber alles endet gut. Wir stoppen an einer kleinen, familiengeführten Tanke mit zwei Säulen, die zum Glück „Saft" hat. Das Besitzerehepaar ist geradezu fürsorglich um uns bemüht, von unserem Nova-Scotia-Nummernschild natürlich auch beeindruckt, weil weiter Weg und so, und nachdem wir wieder einmal ein bisschen unsere Story losgeworden sind und Heizung und Restroom beanspruchen durften, machen wir uns mit den besten Wünschen im Gepäck auf die Weiterfahrt. Die Heizung war deswegen sehr nett, weil die Prärieprovinzen ihrem Ruf vollends gerecht werden: unendliche, flache Weiten und sehr raues Wetter. Es regnet und stürmt den ganzen Tag und ist sicher zehn Grad kälter als noch morgens in Ontario, wo wir uns in Shorts und T-Shirt auf den Weg gemacht haben. Wir landen dann, wie gesagt, in Moose Jaw, belohnen unsere strapazierten Leiber abends wiederum mit Pizza, können ein günstiges, aber sehr nettes Hotel beziehen und klopfen uns gegenseitig auf die Schultern. Durch die unplanmäßige Mammutetappe können wir nun sogar einen Tag eher in den Rockies sein, müssen dafür nur am nächsten Tag nochmals einen größeren Abschnitt einlegen. Morgens schockt uns dann unser bis hierhin ach so treues Gefährt, als es erst mehrere Startversuche benötigt und dann auch noch auf dem Highway zu stottern anfängt. Wahrscheinlich war die kalte, nasse Nacht etwas zu viel, um gleich morgens wieder voll loszulegen, hätte ich mir aber vielleicht auch denken können. Wir fahren kurz vom Highway ab und den Motor erst einmal fünf Minuten im moderaten Tempo warm. Danach läuft der Explorer wieder wie ein Uhrwerk und es geht weiter mit festem Kurs auf Alberta. Auch hier zermürbt uns die flache Einöde etwas, die Badlands machen ihrem Namen alle Ehre. Wir verkürzen uns die eintönige Fahrt mit lauter Musik und noch viel lauterem Mitgegröle. Irgendwann kommt dann glücklicherweise auch Calgary in Sichtweite und die Berge kann man nun fast schon riechen. Den Weg von hier in die Rockies kennen wir bereits aus unserem Urlaub zwei Jahre zuvor und so ist die restliche Fahrt schon Teil des Ziels. Vorbei an den Skianlagen von Olympia '88 wird es sanft hügeliger, bis am Horizont die ersten Gipfel auftauchen. In die Rocky Mountains einzufahren ist ein majestätisches Erlebnis. Relativ unvermittelt geht das Terrain in teils schneebedeckte Gipfel über und lässt einem die Urgewalt der Natur fühlbar erleben. Mir geht das Herz auf.

Canmore, unsere Basis für die nächsten Tage, liegt ungefähr 20 Minuten außerhalb des Banff National Park und wirkt dabei ein wenig wie die kleine und ruhigere Schwester der Ortschaft Banff. Es gibt auch hier eine Hauptstraße mit Restaurants, Souvenir- und Outdoorläden, aber die Menschenmassen halten sich

Castle Mountain, Banff National Park

im Vergleich zu Banff definitiv im Rahmen, es gibt keine Autoschlange, die sich im Schritttempo über die Meile schiebt und auch läuft man nicht ständig Gefahr, einen anderen Touristen umzurennen, der gerade vor einem übergroßen Plüschgrizzly posiert, um ein weiteres unnützes Urlaubsfoto von sich schießen zu lassen. Wir sind mit unserer Ortswahl also sehr zufrieden. Nichts gegen Banff – wir lieben Banff –, aber es kann dort schon ziemlich voll, anstrengend und laut werden. Obwohl, laut ist es in Canmore mitunter auch, denn mitten durch den Ort verlaufen die Gleise der kanadischen Eisenbahn, deren schwere Güterzüge auf dem Weg an die Pazifikküste mehrmals pro Tag (und Nacht) vorbei rattern. Wie die netten Landsleute in unserem B&B morgens am Frühstückstisch feststellen: „... der Zug fährt direkt durchs Schlafzimmer. Das ist ja unmöglich." Hach ja, das entspannte deutsche Urlaubswesen. Gepriesen seien Internet und die einschlägigen Bewertungsportale – wir wussten, was auf uns zukommt. Da kann ja auch unser netter Schweizer Gastgeber nichts dafür, der stets so lustig sein Gesicht verzieht beim Reden. Der gute Peter ist schon eine Marke. Er spricht von Anfang an deutsch mit uns, naja, sagen wir eher schwyzerdütsch, und bedient mit seiner sehr bedachten Art zu sprechen, jegliches Klischee. Peter ist nicht aus

der Ruhe zu bringen, auch nicht, als eines Morgens ein Vögelchen gegen die Fensterscheibe des Frühstücksraums fliegt und regungslos auf dem Boden der Veranda landet. „It's over", ist alles, was er dazu zu sagen hat. Den Gästen, vor deren Tisch der Vogel kollidiert, vergeht schlagartig der Appetit. Peter macht aber keine Anstalten, das arme Ding zu bestatten oder zumindest aus dem Sichtfeld der Frühstückenden zu räumen. Das ist halt Kanada, hier lebt man in und mit der Natur. Irgendein Waschbär wird sich schon freuen. Am ersten Tag in Canmore lassen wir es ganz entspannt angehen. Vor dem eindrucksvollen Bergpanorama der umgebenden Gipfel bauen wir unser Auto vom Schlafwagen in den Regelbetrieb um, sortieren unser Equipment (ein Wunder – der verloren geglaubte iPod taucht wieder auf!), waschen unsere Wäsche und Schlafsäcke und ruhen uns anschließend aus, um Energie für die nächsten zwei Tage zu sammeln.

Ich möchte nämlich hiken. Desi eigentlich auch, aber mit dem Näherkommen der Berge ist auch schlagartig ihre panische Angst vor den Bären zurückgekehrt. Sie ist sich nämlich ganz sicher, dass die Grizzlys nur darauf warten, ein (oder mehrere) Stückchen von ihr zu naschen und sieht sich laut eigener Schilderung schon, zerrissen in Einzelteile, am Boden liegen. Jegliches gute Zureden meinerseits wie auch die sachlichsten Argumente sind nur mäßig hilfreich, und immer wieder hallt meiner Frau der Rat einer Arbeitskollegin durch den Kopf: „Kauft Bären- und Mückenspray!" Mückenspray gehört schon längst zu unserem Inventar und hat bereits gute Dienste geleistet. Eine Bärenglocke haben wir auch und können somit schon mal perfekt einen Almauf- oder -abtrieb nachstellen, aber das Bärenspray fehlt uns noch in unserem Notfallkit. Höchst wagemutig lässt sich Desi dennoch auf unsere erste Wanderung ein. Es steht die Besteigung des Sulphur Mountain in Banff auf dem Programm, der sich mit 2.281 Metern über den Ort erhebt und einen fantastischen Rundumblick erlauben soll. Man könnte auch mit der Gondel hochfahren, aber wir möchten uns ja bewegen. Die Gondel ist dann für den Rückweg vorgesehen. Sportlich dynamisch parken wir das Auto auf dem Parkplatz der „Hot Springs" und beginnen den Aufstieg, den wir selbstverständlich bravourös meistern, auch wenn es teilweise ganz schön steil ist und Desi eine kurze Atempause benötigt. Oben bin ich dann mit der Atempause dran, denn da ich nicht hundertprozentig höhenfest bin, brauche ich ein paar Minuten, um mich an den Ausblick zu gewöhnen. Dieser ist tatsächlich spektakulär und da der Wettergott seit unserer Ankunft in Canmore wieder gut drauf ist, präsentiert sich uns ein überragendes Panorama.

Aufstieg geschafft

Nach einer unvermeidlichen Fotosession gönnen wir uns ein kleines Picknick an der Bergstation und entscheiden uns angesichts der monströsen Schlange an der Gondel dafür, auch hinab wieder die Füße in die Hand zu nehmen. Schon ziemlich erschöpft geht es dann mit dem Auto über den Bow Valley Parkway nach Lake Louise, wo es aber heute dermaßen voll ist, dass wir uns zu keiner weiteren Aktivität motivieren können. Für heute haben wir sowieso genug geleistet, lautet die einhellige Meinung. Am nächsten Tag steht dann auf Empfehlung unseres Gastgebers Peter eine Wanderung im Kananaskis Country an, quasi dem Nachbarn des Banff National Park, glücklicherweise nur viel unbekannter und dementsprechend weniger frequentiert, obgleich nicht minder schön.

Auf dem Weg zum Trailhead überqueren wir den Highwood Pass, mit 2.206 Metern die höchste asphaltierte Straße Kanadas. Am Parkplatz angekommen, habe ich die Ehre, den empfohlenen Probeschuss des frisch erworbenen und von meiner Frau lang ersehnten Bärensprays abzugeben. Auf Knopfdruck schießt ein stattlicher Strahl heraus und wir befürchten, dass auf dem Stückchen Wiese auf dem dieser landet, kein Kraut mehr wächst. Also, Bär möchte man da nicht unbedingt sein. Die Dose wird dann im ebenso erworbenen Holster an der Hose befestigt und ich fühle mich sehr ambivalent, irgendwo zwischen Revolverheld und Witzfigur. Natürlich muss dann noch geübt werden, wie die Dose im Fall des Falles schnellstmöglich zu ziehen ist. Hier macht sich dann nach vielen Jahren endlich die Lucky-Luke-Lektüre bezahlt. Auch Desi leistet ihren Beitrag zu unserer persönlichen Sicherheit, befestigt die Bärenglocke an ihrem Rucksack und lässt es sich zudem nicht nehmen, alle paar Meter laut in die Hände zu klatschen. Schön, so als Vollhorst. Aber wenn es doch der Sicherheit dient ... Der anfangs sehr steile Weg des Ptarmigan Cirque Trail führt uns in eine Gebirgswanne, in der wir anschließend mehr oder weniger im Rund gehen. Um uns herum eine bunte Almwiesenwelt, Murmeltierpfiffe, schartige Gipfel und plätschernde Wasserfälle. Hat er sehr gut empfohlen, der Peter.

Die Gegend ist außerdem bekannt für ihre Dickhornschafe, wir haben bereits welche auf dem Weg hierher gesehen, aber jetzt stehen wir ihnen von Angesicht zu Angesicht gegenüber. Wir halten uns natürlich artig an die Essenz aus dem Wikipediastudium und vermeiden es, den Böcken zu lange und direkt in die Augen zu schauen. Zwei ältere Pärchen ein Stück vor uns sind aber nicht so vor-

Kananaskis Country

sichtig und schon macht der Oberbock Anstalten, den kleinen Hügel herunterzukommen. Wir ziehen uns dann mal lieber zurück, die anderen Herrschaften auch und so beruhigt sich die Lage wieder. Uff, Schafspray haben wir natürlich keines.

Ptarmigan Cirque Trail

Der Trail geht über Stock und Stein und ist gerade zu Beginn wirklich steil, wir sind aber nun schon lange genug in Kanada, um uns nicht über die Personen zu wundern, die uns auf dem Rückweg mit Kinderwagen, in Birkenstocks oder mit Fußschiene begegnen. Nach den langen Tagen im Auto haben unsere Knochen jetzt ordentlich Auslauf bekommen. Zum Abschied gönnen wir uns abends in Banff ein leckeres Steak und setzen unsere Reise gen Westen am folgenden Tag fort. Unser nächster Stopp ist Kelowna im Okanagan Valley. Die Stadt empfängt uns mit Regen, das wirft wortwörtlich schon mal kein gutes Licht auf sie. Eigentlich gilt das so fruchtbare Okanagan Valley, dessen Zentrum Kelowna als größte Stadt darstellt, als das Sonnen- und vor allem Hitzeloch Kanadas und wir haben uns dementsprechend auf hochsommerliche Temperaturen gefreut und auf dem Okanagan Lake schon einige Wasseraktivitäten wie Tuben oder Stand-Up-Paddeln fest eingeplant. Doch daraus wird die nächsten Tage nichts, denn der Wettertrend wird anhalten. Ab und zu zeigt sich die Sonne zwar, ein Jäckchen muss aber immer mitgeführt werden. Auch unsere Unterkunft trägt leider nicht zu einem besseren Eindruck der Stadt bei. Das liegt aber überwiegend an unserer Gastgeberin. Mal wieder über AirBnB haben wir ein Zimmer bei der Heilpraktikerin Helen gebucht. Das historische Haus ist wunderschön und sehr geschmackvoll eingerichtet. Uns steht ein durchaus sauberes und großzügiges Schlafzimmer zur Verfügung, ebenso wie ein gesondertes Speisezimmer. Das Bad teilen wir uns mit eventuellen Patienten (denn im Haus wird auch praktiziert), die Küche dürfen wir jedoch entgegen der Ausschreibung im Internet nicht nutzen, was uns ziemlich einschränkt. Helen selbst empfängt uns zwar freundlich, aber nicht herzlich. Zum Empfang gibt es eine Flasche Wein und frisches Obst. Einem geschenkten Gaul schaut man bekanntlich ja nicht ins Maul, doch trotz der Erfrischung und der sauberen und großzügigen Räume fühlen wir uns irgendwie nicht richtig willkommen. Ist so ein Bauchgefühl. Uns ist Zwischenmenschlichkeit halt irgendwie wichtig. Wir akzeptieren zähneknirschend das Küchenverbot und versuchen die nächsten Tage,

Mahlzeiten ohne Herd im Speisezimmer zuzubereiten. Unser Campinggeschirr spülen wir dann einfach im Bad, muss man auch mal gemacht haben. Wir haben ja in Canmore und auch auf dem Roadtrip schon öfter auswärts gegessen, aber zuhause schmeckt es ja bekanntlich am besten und gerade jetzt nach den dynamischen letzten Tagen hätten wir mal wieder Lust auf Hausmannskost. Einmal gehen wir dennoch gerne und in größerem Stil aus, denn unsere lieben Freunde aus Frankfurt haben uns zum Abschied einen Restaurantgutschein für Kelowna geschenkt, der uns nun einen wunderschönen Abend mit leckeren Speisen am Seeufer beschert. Glücklicherweise spielt an diesem Abend auch das Wetter mit.

Am folgenden Tag erhalten wir wieder einmal einen Beweis für das Interesse des Kanadiers am Wohlbefinden seiner Mitbürger, als wir zum Mittagssnack in einer Sandwichbude halten. Wir werden Zeugen, wie die Verkehrspolizistin, die eigentlich Knöllchen verteilen sollte, den Laden betritt und die Besitzerin informiert, dass bei einigen der Autos, die vor der Tür stehen, die Parkuhr bereits abgelaufen ist, vielleicht gehören die ja den Essensgästen? Die Chefin fackelt nicht lange, schnappt sich ihr Trinkgeld und hüpft raus, um alle Parkuhren vor der Ladenfront zu füttern. Wo hat man so etwas in Deutschland schon mal gesehen?

Irgendwie ist bei uns reisetechnisch gesehen ein bisschen die Luft raus nach den letzten Wochen „on the road". Wir können uns zu nichts so richtig aufraffen. Die Gegend drängt sich einem zwar förmlich für eine Weintour auf, aber, auch wenn es absurd klingen mag, wir haben einfach keine Lust. Wir bummeln ein bisschen durch Kelowna und am Seeufer entlang und wandern auf dem Kettle Valley Railway, der auch den absoluten Höhepunkt dieses Reiseabschnitts darstellt. Es handelt sich hierbei um eine still gelegte Eisenbahnstrecke, auf der früher Eisenerz transportiert wurde. 24 Kilometer der Strecke kann mal als Wanderer oder Radfahrer bezwingen, dabei werden einem fantastische Blicke auf den Myra Canyon gewährt, während man sehr luftig über die 18 Eisenbahnbrücken läuft und sich sanft ob der Höhe gruselt. Wir schaffen es an diesem Tag immerhin auf stolze 18 erlaufene Kilometer und sichten sogar einen frischen Bärenhaufen, der uns ungleich schneller wandern lässt. Das Okanagan Valley hat sicherlich noch viel mehr zu bieten, innerhalb weniger Tage bei überwiegend ungemütlichem Wetter und aufkommender Entdeckungsunlust können wir aber kein objektives Urteil abgeben. Fest stellen wir auf jeden Fall, dass uns die hohen Berge und saftigen Wiesen der Rockies sowie die dichten Wälder im Osten einfach mehr zusagen als die trockenen braunen Hügel, die hier in diesem Teil British Columbias die Landschaft prägen. Wir freuen uns daher auch, endlich zusammenzupacken und in unser Auto zu steigen, um mit der Fahrt nach Vancouver den großen Roadtrip abzuschließen. Langsam wird es auch Zeit. Auf der nächsten Etappe wird dann mal sieben Nächte lang im selben Bett geschlafen. Und zwar in unserer Balkonkabine auf der Pacific Princess!

Im Glacier Bay National Park

Love Boat reloaded – mit dem Schiff nach Alaska

(Desirée)

Love Boat reloaded – mit dem Schiff nach Alaska

Wer kennt es nicht, die amerikanische Version des Traumschiffs? „Love Boat" wurde die Pacific Princess in der gleichnamigen US-Fernsehserie Ende der Siebziger- und Anfang der Achtzigerjahre genannt und natürlich standen Lovestories auch im Vordergrund. Die Passagiere des Love Boat waren zwischen 30 und 80 und um die Protagonisten rankten sich stets zu Tränen rührende persönliche Schicksale. Ihre Geschichten gingen aber immer gut aus und alle einsamen Seelen fanden nach endlos scheinenden Irrungen und Wirrungen (und innerhalb von 30 Minuten Sendezeit) doch noch zusammen. Zeit, dass wir uns mal in diesem Sündenpfuhl umschauen und dabei ein bisschen in Alaska herumschippern, wenn wir doch schon mal in der Gegend sind. Glücklicherweise wurde das Schiff Ende der Neunzigerjahre gegen ein neues eingetauscht, der Name Pacific Princess ist aber geblieben. Die Nacht vor der Kreuzfahrt gönnen wir uns ein Doppelzimmer im gediegenen Hotel Pan Pacific in Vancouver, direkt am Cruiseport. Das muss nach mehreren Roadtrips und zur Einstimmung auf die Kreuzfahrt jetzt mal sein. Abends ziehen wir noch ein paar Bahnen durch den Rooftop Pool und genießen den Blick auf das nächtliche Vancouver. Schon jetzt freue ich mich riesig, dass wir hier im November und Dezember mehrere Wochen verbringen werden, denn wir haben beide einen Job auf dem Vancouver Weihnachtsmarkt an Land gezogen und werden dann in den Großstadtalltag eintauchen! Das ist aber noch Zukunftsmusik, jetzt steht erst einmal die Reise nach Alaska im Vordergrund, und wir hegen den verwegenen Plan, am nächsten Morgen als erste Passagiere das Schiff zu betreten. Das Einschiffen beginnt um 11.30 Uhr und unsere Anreise zum Schiff dauert nur eine Aufzugfahrt. Pünktlich um 11.10 Uhr checken wir im Hotel aus, begeben uns zum Pier und müssen feststellen, dass wir unsere Rechnung ohne ungefähr 300 reisefreudige Rentner (im Fachjargon auch Whitecaps genannt) gemacht haben. Die sitzen nämlich alle schon im Warteraum. Gut, diesen Kampf haben wir wohl schon verloren, vielleicht können wir diverse Rollatoren, künstliche Hüftgelenke und Krücken aber noch auf der Zielgeraden überholen, damit wir zumindest die ersten am Buffet sind? Wir haben nach drei Wochen Roadtrip große Angst zu verhungern.

Bangen ...

Die Pacific Princess ist ein Kreuzfahrtschiff alter Schule. Lediglich 680 Passagiere – sehr überschaubar und alles ganz klassisch. Uns gefällt es gut, auch wenn es, etwas überspitzt formuliert, schwer fällt, Passagiere ausfindig zu machen, die noch über ihre zweiten Zähne verfügen. Wir haben keine Probleme, uns die Zeit an Bord so gut wie möglich zu vertreiben und leben insbesondere an den Seetagen im Wechselspiel zwischen schlafen, essen, Tischtennis spielen, Wale sichten, lesen, Karten spielen, ein bisschen bewegen, essen, essen, essen und dann wieder schlafen. Am ersten Abend werden wir im Restaurant vom Kellnerspalier mit frenetischem Applaus empfangen, denn wir sitzen am „Table No. 1“ – und das ist dazu auch noch einer der wenigen Zweiertische. Ehre, wem Ehre gebührt. Allabendlich kümmern sich der quirlige Philippino Henry sowie der seriös dreinschauende Ukrainer Dimytry um unser leibliches Wohl und servieren uns vier exquisite Gänge. Zweimal müssen wir uns sogar schick machen – fällt uns aber dank der mitgeführten Hochzeitsgarderobe gar nicht schwer. Am ersten Seetag wohnen wir dem – wohl auf amerikanischen Kreuzfahrtschiffen obligatorischen – Bingospektakel bei und stellen fest, dass wir rein gar nichts über dieses Spiel wissen. Vor uns liegt jeweils ein popeliger Bingoschein, den es am Abfahrtstag für das erfolgreiche Absolvieren der Bordrallye geschenkt gab (ja, wir machen wirklich alles mit). Nun offenbart sich uns aber das wirkliche Bingogeschäft, ach was, die Bingoindustrie! Käuflich kann man nämlich ganze Scheinbögen erwerben, jeweils unterschiedliche Farben in den verschiedensten Paketen. Es gibt vier Runden, jeweils mit einer anderen Bingoscheinfarbe, die vorher angesagt wird. Dazu werden in jeder Runde unterschiedliche Muster gespielt – nix da mit der schnöden Reihe senkrecht, waagrecht oder diagonal – Muster sind DAS Ding! Nicht nur stehen wir mit unserem einen Bingoschein (der uns lediglich zur Teilnahme an der letzten und – immerhin – der Jackpotrunde berechtigt) armselig da, nein, wir haben ganz unbedarft auch zwei Werbegeschenk-Kulis zum Ankreuzen in der Hand („ze Germans …“), dabei kann man doch extra tolle Bingomarker in verschiedenen Farben kaufen. In der Jackpotrunde haben wir mit unseren Scheinchen dann leider kein Glück, obwohl Daniel bis zum Schluss ganz eng dabei ist und die Handinnenflächen schon leicht patschig werden. Gewonnen haben wir trotzdem, jede Menge Erfahrung, da wir auch noch einen offiziellen Protest miterleben, der von der Spielleitung jedoch abgewiesen wird. Aber nicht nur beim Bingo, überhaupt kündigt sich der

... und Zuversicht

Verdacht an, dass hier an Bord gerne mal ein bisschen Geld gemacht wird. An jeder Ecke lauern vermeintliche Schnäppchen, insbesondere das Spa-Team ist fast schon penetrant, ruft uns sogar auf der Kabine an, weil Daniel angeblich etwas gewonnen hat und nur noch wenige hundert Dollar auf sein Wellnesspaket draufzahlen muss. Wir werden lediglich beim Soft-Drink-Paket sowie diversen Landausflügen schwach. Wir wollen ja schließlich etwas in Alaska erleben und einem unserer unzähligen Mottos für dieses Jahr – „Punch fear in the face!" – gerecht werden. Daher besteigen wir, ausgerüstet mit Eiskrallen und -pickeln, in Alaskas Hauptstadt Juneau einen Helikopter, um damit auf den Mendenhall-Gletscher zu fliegen und dort ein bisschen herum zu stiefeln.

Mendenhall Glacier

Dieser Ausflug sorgt bei mir im Vorfeld schon für gewaltige Aufregung, bei meiner latenten Flug- bzw. Absturzangst. Und all meinen anderen hausgemachten Ängsten. Doch die Tour stellt sich als ein einmaliges Erlebnis heraus, das man kaum in Worte fassen kann. Wir fliegen 30 Minuten (total ruhig, ich hatte befürchtet, dass es schrecklich wackelt, aber dies ist glücklicherweise nicht der Fall) durch eine märchenhafte Gletscherlandschaft, bevor wir dann auf einem der Giganten landen und von unseren leider etwas unmotivierten Guides Skyler und Jonno (sehr hip, sehr cool, ähnlich wie ihre Namen) in Empfang genommen werden. Wir haben uns vorher schon ausgemalt, wie wir uns mit unseren Eispickeln reinholdmessneresk durch die Eisspalten hangeln, aber weit gefehlt. Unseren Guides ist wohl nach einem langen Arbeitstag nicht mehr zu großer Wanderaction zumute und so stolpern wir etwas ziellos kreuz und quer über die Gletscherlandschaft, zumal wir auch alle drei Schritte auf das arabische Schwesternpärchen in unserer Gruppe warten müssen, das jeden, aber wirklich jeden Moment mit der Kamera festhalten möchte. Unvergesslich ist der Ausflug für uns dennoch, denn wir fühlen uns wie in einer anderen Welt, Daniel kostet sogar heldenhaft vom Gletscherwasser.

Zudem wohnen wir einem Heiratsantrag eines Mitreisenden bei: der selbst für die Amerikaner schwer zu verstehende Schotte John (Gegenfrage auf wirklich jede seiner Bemerkungen: „What was that?") nestelt nämlich auf einmal nervös in seiner Bauchtasche herum, fällt dann auf die Knie und hält seiner Catherine ein kleines Schmuckdöschen hin. Der Wind pfeift wie verrückt, also hören wir nicht wirklich was, schließen aber darauf, dass es sich um einen Heiratsantrag handelt. Auch vernehmen wir von ihr keine Antwort, da sie aber das Kästchen öffnet und sich anschließend einen Ring ansteckt, gehen wir davon aus, dass der Deal besiegelt ist (zumal auch noch Tränchen kullern). Auch der Rückflug verläuft glücklicherweise wieder sehr stabil und wir sind im Anschluss total geflasht von diesem Erlebnis und insbesondere ich natürlich auch erleichtert, dass wir es überlebt haben.

Bevor wir am nächsten Morgen, mittlerweile in Skagway, in Zeiten des Goldrausches das Tor zu Klondike und Yukon, zu unserem nächsten Ausflug aufbrechen, wird uns unerwartet großer Ruhm zuteil, denn wir gewinnen kampflos das Tischtennis-Doppelturnier. Völlig unbedarft schlurfen wir an diesem Morgen nach dem Frühstück zur Tischtennisplatte, um ein bisschen Frühsport zu betreiben. Aus dem Nichts stürzt eine britische Animateurin auf uns zu und verkündet, es täte ihr wirklich sehr leid, aber wir seien die einzigen, die zum Turnier erschienen sind (Welches Turnier?), wir würden somit zum Sieger erklärt und selbstverständlich auch einen Preis bekommen ... verschwindet und taucht kurz darauf wieder mit zwei Schlüsselbändern auf. Völlig siegestrunken ob des grandiosen Triumphs dürsten wir nach weiteren Extremleistungen und treffen unseren Guide Thomás am Pier, der heute mit uns eine Downhill-Radtour entlang des Yukon-Trails machen soll. Doch unsere Vorfreude wird jäh gedämpft. Thomás begrüßt uns und erklärt, dass wir die geplante Route aufgrund des starken Windes leider nicht befahren können. Als Alternative bietet er uns aber eine Tour durch den Regenwald an, bei der es auch viel größere Chancen gäbe, Wildlife zu sichten. Daniel leckt sogleich Blut und schlägt ein. Also geht es ab in den Wald und da das andere Paar, welches sich für den Ausflug angemeldet hatte, nun nicht mehr mit möchte (die körperlichen Gebrechen lassen nur downhill zu) kommen wir in den Genuss einer Privattour. Die Tour ist sehr matschig, aber schön, wenn auch leider etwas kurz und Bären treffen wir auch nicht. Wir lernen aber viel über die Rolle Skagways und der ehemaligen Nachbarsiedlung Dyea zu Zeiten des Yukon-Goldrauschs. Nach unserem Ausflug bummeln wir noch ein bisschen durch das Örtchen Skagway, das an eine Westernfilmkulisse erinnert. Eigentlich gibt es hier nur eine Straße, die dazu noch sehr touristisch ist und voll auf die Kreuzfahrtgäste abzielt. Haut uns nicht so vom Hocker und wir sind froh, dass wir einen Ausflug gemacht haben, um mehr über dieses faszinierende Stückchen Erde zu lernen.

Am folgenden Tag können wir es ganz ruhig angehen lassen. Heute steht nämlich eine „Scenic Cruise“ auf dem Programm. Eigentlich ist das nur ein anderer, netterer Name für einen Seetag, aber tatsächlich durchfahren wir an diesem

Mendenhall Glacier

Tag den Glacier Bay National Park und sichten wunderhübsche Gletscher, die an das Wasser heranreichen und Babyeisberge kalben, an denen wir elegant entlanggleiten. Von Titanicähnlichen Ereignissen können wir – glücklicherweise – an dieser Stelle nicht berichten. Das Kalben der Gletscher ist aber ein fesselndes Erlebnis, obwohl nur eine vermeintlich kleine Menge Eis ins Meer rutscht, veranstaltet es einen Höllenlärm.

Der letzte Landgang wartet dann noch einmal mit einem besonderen Schmankerl auf – wir gehen, trotz unseres vorhandenen Respekts vor jeglichen Höhen, in Ketchikan ziplinen. Bei einer Zipline handelt es sich um ein zwischen zwei Punkten gespanntes Seil, an dem entlang man über Schluchten, Flüsse oder Wälder fliegt. In unserem Fall handelt es sich um einen Regenwald, in dem es nur so von Bären wimmeln soll, wobei wir wieder einmal keinen zu Gesicht bekommen. Gemeinsam mit sechs Co-Passagieren unseres Dampfers erhalten wir eine kurze Einweisung sowie unser Geschirr angelegt. Auf einer kleinen Übungszipline können wir austesten, ob wir ordentlich zugehört haben und ob das mit dem Bremsen klappt. Ich verliere bei diesem ersten Versuch gleich mal meinen Handschuh, der leider viel zu groß ist. Es wird Abhilfe geschaffen und da diese erste Zipline ganz harmlos war, stürzen wir uns ohne groß nachzudenken in das Abenteuer und fangen an zu zittern. „Ganz schön hoch hier“, denken wir uns, als wir auf der ersten Plattform ankommen, die natürlich kein Geländer hat. „Treehugging“ erhält hier eine völlig neue Bedeutung. Ich fühle mich einer Ohnmacht nahe und überlege kurz, ob ich einfach sage, dass

Ziplining in Ketchikan

an dieser Stelle für mich Schluss ist. Aber ein kurzer Blick um mich herum – und nach unten – verrät mir, dass dies keinen Sinn macht, denn es gibt keine Leiter oder ähnliches, um hier weg zu kommen. Der einzige Weg geht über die Zipline. Also Augen zu und durch, mir wird vor diesen eh schon schwarz vor Angst. Von Abschnitt zu Abschnitt werden wir jedoch mutiger und sicherer und auf einmal macht die ganze Chose sogar ziemlichen Spaß. Wer hätte das gedacht? Fast schon befinden wir uns auf einem wortwörtlichen Höhenflug, als die bösen, bösen Hängebrücken kommen. Die sind rutschig, weil nass, eng, schauklig, steil, müssen jedoch überquert werden. Als wäre das schon nicht genug, bleibt unser Guide Chris (der im Übrigen ähnlich cool, aber weitaus motivierter als die Gestalten vom Heliausflug ist) in der Mitte der ersten Brücke stehen, um schlaue Dinge zu erzählen. Die brauche ich aber gar nicht hören, ich möchte doch einfach nur am anderen Ende lebend ankommen. Aber auch hier zeigt sich wie

Ketchikan

so oft: Einfach mal machen und cool bleiben, ist alles halb so schlimm. An der letzten Plattform angekommen, bekommen wir als Belohnung für unsere Heldentaten Medaillen um den Hals gehängt.

Zum Abschluss unserer Schiffsreise steht nochmals ein Seetag zur Rückkehr nach Vancouver auf dem Programm, nach feuchten Tagen in Alaska verwöhnen uns Poseidon oder Petrus, wer auch immer diesbezüglich das Sagen hat, wieder mit blauem Himmel und warmem Sonnenschein. Wir schippern gemütlich an Vancouver Island vorbei, nutzen effizient das Promenadendeck und chillen nochmals so richtig ab. Besser kann man einen Urlaubstag nicht verbringen. Ein eindrucksvoller Reiseabschnitt neigt sich dem Ende zu, behalten werden wir die Erinnerungen an eine unvergleichliche Fahrt durch die Inside Passage sowie den Stolz, einige Ängste überwunden und Neues ausprobiert zu haben.

Familie Schwarzbär auf Futtersuche

Wiedersehen in Jasper

(Daniel)

Wiedersehen in Jasper

Nach der Ausschiffung in Vancouver steht uns und unserem abgespeckten Kreuzfahrtgepäck am Hafengelände ein kleiner Fußmarsch bevor, da unser Auto mit dem restlichen Hab und Gut auf dem ausgelagerten Heliportparkplatz abgestellt werden musste. Der Parkhauslotse war bei unserer Ankunft vor einer Woche der Meinung, mit der Dachbox würden wir nicht ins reguläre Parkhaus passen. Völliger Nonsens, wie wir später feststellen durften, aber da war es schon zu spät. Unseren Wagen finden wir, Gott sei Dank, unversehrt vor und er springt ganz brav an. Wiedermal purzeln mir diverse Steine vom Herzen.

Man könnte nun meinen, nach einer Woche auf dem Schiff, und vor allem mit der Aussicht auf eine Fahrt Richtung Jasper National Park, bin ich ein super motivierter Roadtripper, so richtig komme ich aber nicht in Schwung. Da es uns nach Jasper zu weit ist, um in einem Rutsch zu fahren, wird ein Übernachtungsstopp notwendig, wo dieser stattfinden soll, lassen wir aber vorerst noch offen. Wenn wir doch nur schon da wären. Vier Stunden später, am frühen Nachmittag, haben wir es immerhin bis Kamloops geschafft, und während des obligatorischen Boxenstopps bei Tim Hortons schauen wir – WiFi sei Dank! – ins allwissende Google Maps, um die weitere Route zu studieren. Die Besiedlung wird von nun an ziemlich dünn, es gibt entlang der Strecke im Grunde nur noch eine Hand voll Ortschaften auf den verbleibenden 450 Kilometern und diese bieten wiederum nicht gerade eine Unmenge an Übernachtungsmöglichkeiten. Wir buchen schließlich online ein preislich vernünftiges Hotel im Örtchen Blue River und wissen nun auch, wie lange wir heute fahrtechnisch noch ran müssen. Bevor es aber weitergeht, steht der Pflichtstopp bei Walmart ins Haus, denn das Lebensmittelangebot in Jasper ist begrenzt und zusätzlich habe ich so die Gelegenheit, den dachboxbedingten Verlust meiner langen Unterhose auszugleichen. Uns erwarten in Jasper recht frische Temperaturen, in den Rockies hat es ein paar Tage zuvor bereits einen frühen Wintereinbruch gegeben. Endlich lassen wir dann Kamloops hinter uns und sind wieder einmal überrascht, wie bergig sich das Relief British Columbias gestaltet. Zweieinhalb Stunden lang geht es hoch und runter, bis wir Blue River erreichen und unser Quartier aufschlagen. Das Hotelzimmer ist gerade in Anbetracht des Preises spitze, das Wetter gut und die umgebende Natur traumhaft schön, es gibt also eigentlich überhaupt keinen Grund zu klagen und trotzdem holt mich hier der Reiseblues ein. Wieder ist man an einem unbekannten Ort, wieder nur für eine Nacht und kaum hat man den Koffer geöffnet, schließt man ihn am nächsten Morgen auch schon wieder und bricht sein Lager ab. Ich bin ja ein grundsätzlich positiver Mensch und eigentlich nicht so schwer zu erschüttern, dieses Gefühl ist aber ziemlich eklig und macht sich durch einen fiesen Kloß in der Magengrube auch physisch bemerkbar. Das Reiseleben ist eben kein Ponyhof. Ich suhle mich kurz im – eigentlich völlig unbegründeten – Selbstmitleid, dann ist die Nacht aber auch schon vorbei und wir haben jetzt allen Grund zur Vorfreude. Es stehen vier Tage im Jasper National Park an, einem ganz besonders privilegierten Stückchen Erde, wo wir zudem unsere lieben Freunde Katja und Martin treffen, die uns im Rahmen ihres Kanadaurlaubs besuchen. Der wildromantische Yellowhead-Highway, links und rechts der Straße absolutes Bilderbuchkanada, tut das Seinige, um mich wieder in Stimmung zu bringen und spätestens, als wir im Schatten des gewaltigen Mount Robson eine Schwarzbärenmutter mit ihren zwei kleinen Cubbies entdecken, sind wir beide vollends euphorisiert. Die drei lassen es sich an der Böschung schmecken und nachdem Mama Bär uns bezüglich unserer Absichten gescannt hat und wir uns ganz vorbildlich zurückhaltend benehmen, dürfen wir der Familie einen ganzen Moment lang gebannt zuschauen.

In Jasper angekommen, nutzen wir die Zeit vor dem großen Hallo für einen Besuch im Waschsalon, bummeln durch den Ort und schwelgen ein bisschen in Erinnerungen, da auch Jasper Teil unseres Urlaubs zwei Jahre zuvor war. Wir kennen daher schon unsere Unterkunft und freuen uns wie die Schneekönige auf unsere Cabin am Athabasca River. Das Aufeinandertreffen mit unseren Freunden fällt dann, insbesondere bei den Damen, überschwänglich, herzlich und emotional aus. Endlich mal Besuch aus der Heimat, wir sind alle ganz aufgeregt, die Mädels natürlich mehr als die Jungs, die sich aufgrund ihres männlichen Stolzes nichts anmerken lassen, und blicken voller Vorfreude auf die vor uns liegende gemeinsame Zeit. Da sich Katja in besonderen Umständen befindet, lassen wir es in den Folgetagen nicht ganz so wild angehen, bewegen uns aber trotzdem fleißig, so dass wir uns die opulenten gemeinsamen Frühstücke und Barbecues wohl verdienen. In Gesellschaft schmeckt es eben doch am besten.

Blick auf Jasper vom Whistler Mountain

Maligne Lake

Unser gemeinsamer Ausflug an den Maligne Lake beschert uns einen unbestrittenen Höhepunkt des Reisejahres. Während wir einen kleinen Trail durch den Wald entlangwandern, entdecke ich, vielleicht 15 Meter neben uns im Unterholz, eine Elchmutter mit ihrem Kalb. Die beiden bewegen sich parallel zu uns und nachdem wir uns dann etwas zurücknehmen, betreten sie unmittelbar vor uns den Weg. In gebührendem Abstand folgen wir den Tieren den Pfad entlang bis zu einem kleinen See (passenderweise der Moose Lake), wo Familie Elch genüsslich ein Bad nimmt. Wow, unsere erste Elchsichtung und dann auch noch so spektakulär. Es lässt sich schwer beschreiben, wie glücklich einen das macht, und eine ganze Weile verharren wir in geschützter Stellung, um dem Treiben zuzuschauen. Ein Stück echtes Kanada, das macht für mich definitiv den Reiz dieses Abenteuers aus!

Ein anderer toller Ausflug führt uns mit der Jasper SkyTram auf den Whistler Mountain. Hier besteigen wir im Grünen die Gondel und steigen in einer Winterlandschaft aus. Wie ich bereits erwähnte, gibt der Winter Mitte September bereits ein kurzes Stelldichein und Katja und Martin hatten auf ihrem vorherigen Stopp in Banff sogar schon 15 Zentimeter Schnee. Kaum zu glauben, dass wir dort vor vier Wochen noch durch die Blumenwiesen gewandert sind. In Jasper hat es der Schnee zwar nur auf die umgebenden Gipfel geschafft, umso beeindruckender ist jetzt aber das Panorama.

Natürlich vergeht die gemeinsame Zeit mit unseren Freuden viel zu schnell, sie ist eben doch eindeutig relativ. Schnell noch warmen Apfelkuchen, heiße Schokolade und Pianomusik in der Fairmont Jasper Park Lodge am Lac Beauvert genießen und schon besiegelt eine, auf weiblicher Seite wieder einmal tränenreiche, Verabschiedung unser Auseinandergehen. Für Katja und Martin geht es mit dem

Canadian auf der Schiene in Richtung Vancouver, für uns steht ein anderes Ziel auf dem Plan. Nach dem munteren Reisen der letzten Wochen, nicht immer sehr budgetschonend, muss die Reisekasse nun etwas entlastet werden. Zu diesem Zweck verbringen wir die nächsten vier Wochen am Nimpo Lake, wo wir wieder einmal via Workaway gegen Kost und Logis in einem Resort aushelfen werden, also dasselbe Modell wie einst in Winchester beim Catering.

Der Nimpo Lake befindet sich in einer sehr abgeschiedenen Gegend, „remote“ wie man hier sagt, im zentralen British Columbia und so steht uns mal wieder eine recht lange Autofahrt ins Haus. Da auch in Kanada die Straßen nicht immer dem gewünschten Verlauf folgen, müssen wir, um nach Westen zu gelangen, zunächst eine Schleife nach Süden drehen. Dies fügt sich in diesem Falle aber famos. Desi hatte während ihrer Kindheit das Vergnügen, mehrere Sommerferien in einem „Haus am See“ in Kanada verbringen zu dürfen. Dieses befand sich in der Nähe von 100 Mile House und just dort führt uns die aktuelle Routenplanung vorbei. Deshalb ergreifen wir die Gelegenheit und legen einen zweitägigen Zwischenstopp ein, um auf nostalgischen Pfaden zu wandeln. Wir machen ganz viele bekannte Plätze ausfindig und Desi schwelgt in seligen Erinnerungen, obwohl natürlich der Zahn der Zeit einiges verändert hat. Auch wenn die Uhren hier etwas langsamer gehen als daheim, still stehen sie dennoch nicht. Herberge finden wir für unseren Aufenthalt auf der Guest Ranch von Bettina und Mario in Lone Butt. Der Bed-&-Breakfast-Betrieb mit Spezialisierung auf Reiterferien ist passenderweise in diesen beiden Tagen nur dünn belegt, wir besetzen das einzige von vier Zimmern und können uns komplett ausbreiten, die Gästeküche ungestört in Beschlag nehmen und kommen unserem eventuell versteckt lauernden Heimweh mit einer Dosis Heinz Erhardt auf DVD zuvor. Unsere deutschen Gastgeber haben sich ihren Auswanderertraum vor einigen Jahren erfüllt, umsorgen uns fürsorglich und sind bei jeder Gelegenheit, nicht zuletzt am abendlichen Lagerfeuer, für informative Plauschs über Land und Leute zu haben. Wir fühlen uns also rundum wohl und schlafen in den europäischen Federbetten wie im siebten Himmel. Mario, Marke Tausendsassa, unterstützt mich sogar vor unserer Weiterreise noch dabei, kurz das Auto zu checken, und dann geht es für uns weiter Richtung Abenteuerland.

Familie Elch

Das Haus der Nachbarn – eine putzige Biberfamilie

Into the Wild – Abenteuerland Nimpo Lake

(Daniel)

Into the Wild – Abenteuerland Nimpo Lake

Hier sind wir nun also, am Nimpo Lake, fünf Kilometer vor der gleichnamigen Ortschaft im Chilcotin, wie die hiesige Region British Columbias genannt wird. Bei Williams Lake sind wir mit westlichem Kurs auf den Highway 20 abgebogen, der uns über 300 Kilometer, oder viereinhalb Stunden, durch die trockene Landschaft des Hochplateaus hergeführt hat. Unterwegs haben wir nur eine Handvoll Ortschaften passiert, keine größer als eine Ansammlung weniger Häuser. Wir sind also endlich in der richtigen Wildnis angekommen. Beeindruckend, wie viel Raum so wenigen Menschen zur Verfügung steht und noch beeindruckender, wenn man sich vorstellt, wie es im wirklichen Norden aussehen muss. Denn wir befinden uns trotz aller Einsamkeit noch immer im zentralen British Columbia.

Der Ort Nimpo Lake besteht aus einem „Restaurant", einem General Store mit angeschlossener Zapfsäule, einer Bäckerei, die gefrorenes Brot verkauft, und einer Autowerkstatt, die immer geschlossen ist und ein großes „For Sale"-Schild an der Tür hängen hat. Außerdem befinden wir uns hier in Native Country. Mehr als die Hälfte der Einwohner in dieser Gegend gehört den First Nations an und wir werden in den kommenden Wochen auch noch einiges über die kanadischen Ureinwohner lernen.

Wir kommen etwas früher an, als uns Rollie, unser Gastgeber und Inhaber des hiesigen Resorts, erwartet, und so kommt es, dass wir ihn am frühen Nachmittag selig schlummernd in seinem Wohnzimmersessel vorfinden. Zu seiner Ehrenrettung muss hervorgebracht werden, dass Rollie die ganze Nacht auf den Beinen war und erst gegen Mittag von einem Einsatz als Paramedic zurückgekommen ist, wie wir umgehend erfahren. In dieser ländlichen Gegend gibt es nämlich keine Ärzte oder Krankenhäuser. Bei einem medizinischen Notfall funkt die zentrale Notrufstelle in Kamloops (590 Kilometer entfernt) den örtlichen Paramedic, eine Art Rettungssanitäter, an, der sich in sein Privatfahrzeug schwingt, am Ambulanzbüro auf einen Kollegen trifft und dann schnellstmöglich zum Patienten eilt. Die Paramedics leisten die Erstversorgung und veranlassen die weitere Behandlung durch eine Krankenschwester. Eine ernsthafte Erkrankung oder Verletzung muss in der nächsten Klinik viereinhalb Autostunden östlich in Williams Lake behandelt werden. Die Gesundheit ist hier draußen also ein ungleich sensibleres Gut als in unserer gewohnten Infrastruktur.

Nachdem sich Rollie einigermaßen berappelt hat, heißt er uns brummig willkommen und gibt uns, noch schlaftrunken, gleich einen kleinen Rundgang über das

Gelände. Vorab warnt er uns bezüglich seines sehr speziellen Humors und liefert uns davon auch umgehend einige Kostproben. Vorrangiges Ziel werde über die nächsten vier Wochen ich bleiben, denn Desi ist vom ersten Tag an seine „Orchid". In unseren Vorstellungen hatten wir uns das Resort als einen geschäftigen Betrieb am See ausgemalt, mit all den bunten Aufgaben der Hotellerie rund um die Betreuung der zahlreichen Gäste. Es kommt aber wiedermal ganz anders, als wir denken.

Das Resort an sich liegt wirklich wunderschön und ragt auf einer exklusiven kleinen Halbinsel in den See hinein. Auf der einen Seite reihen sich sechs Cabins halbkreisförmig am Seeufer auf, das Haupthaus samt Büro liegt vorn auf der Spitze. Auf der anderen Seite befindet sich eine kleine Bucht, hier liegt das Dock mit den zu vermietenden Motorbooten und Rollies Wasserflugzeug. Der Mann ist nämlich auch noch Pilot. Zudem besitzt das Anwesen einige RV-Plätze mit Wasser- und Stromanschluss sowie ein paar Zeltplätze. Die Cabins haben durchaus Charme und sind voll ausgestattet, man muss sie sich aber in Bezug auf Style, Komfort und Geruch ziemlich rustikal vorstellen. Zudem werden sie ausschließlich durch einen Holzofen beheizt, was uns dann auch schnell von dem ursprünglichen Gedanken kuriert, unsere Staff Cabin in zweiter Reihe mit unzulänglichem kleinen Heizstrahler gegen eine der Gästecabins mit Kamin zu tauschen. Aus Kapazitätsgründen wäre das allerdings kein Problem gewesen, es ist nämlich nur sehr wenig los. Bei unserer Ankunft sind zwei Cabins und ein RV-Platz belegt, die Gäste reisen aber nach wenigen Tagen ab und waren dann auch mehr oder weniger die letzten für dieses Jahr. Das ohnehin recht gemächliche Business lief laut Rollie diese Saison besonders schwach und so erklärt sich auch, dass es hier entgegen unserer Erwartungen kein weiteres Personal gibt. Rollie und seine Frau Tami regeln alles komplett im Eigenbetrieb, wobei Tami noch von Dienstag bis Freitag im zweieinhalb Stunden entfernten Bella Coola als Krankenschwester arbeitet und dort während dieser Zeit auch wohnt. Wir werden sie somit erst in ein paar Tagen kennenlernen.

Unsere Cabin und das Vehikel

Als Rollie uns all dies beim Abendessen erzählt – damit er nicht so einsam ist, beschließen wir, unser Dinner allabendlich mit ihm gemeinsam im Haupthaus einzunehmen – ist ihm anzumerken, dass er leicht ins Sentimentale abdriftet. Früher, da war hier nämlich viel mehr los. Wahrscheinlich ist auch dies (sowie das fortgeschrittene Alter der Besitzer) ein Grund, warum der Lack überall so ein bisschen ab ist und das Resort zum Verkauf steht. Ist diese Tatsache für uns auf den ersten Blick noch etwas irritierend, so müssen wir in den folgenden Tagen und Wochen feststellen, dass hier in der Umgebung mindestens jedes zweite Grundstück zum Verkauf steht. Die Maklerschilder sind fast schon obligatorischer Bestandteil der Zufahrten. Als Frage stellt sich uns nur: Wer soll das alles kaufen?!

Frau Lademeister

Unsere Arbeitsaufgaben drehen sich hier also weniger um den Gastbetrieb als viel mehr um die Pflege und Instandhaltung des Anwesens, ergo Grünabfälle entsorgen, Feuerholzvorräte anlegen, Reinigung und Entrümpelung der zahlreichen Lager- und Werkstatthütten usw. Mit anderen Worten: Es darf ordentlich malocht werden, und abends unter der kurzen Dusche, da Warmwasser beschränkt, läuft es schwarz von unseren Füßen und aus unseren Nasen.

Brush Loads

Es tut aber nach der ganzen Reiserei mal wieder gut, einen strukturierten Alltag zu erleben und sich körperlich zu verausgaben. Rollie lässt uns hierbei ziemlich freie Hand, wir dürfen uns nach Belieben austoben. Höhepunkt unserer ersten Arbeitswoche ist der massive Dodge Ram Pick-up von anno dazumal, Schaltgetriebe (eher unüblich in Nordamerika), mit dem wir mehrmals am Tag auf die drei Kilometer entfernte Grünmüllkippe röhren und dabei die Kühe in Angst und Schrecken versetzen, die hier nach dem Prinzip „open range" einfach überall grasen. Ab und an verirren sich auch manche auf das Grundstück, das mag Rollie gar nicht, und denen rücken wir dann mit dem Quad und einer Nebelhornfanfare zu Leibe. Da rennen die Rindviecher!

An den ersten beiden Abenden übernehmen wir die Küchenregie, kommen aber aufgrund des großzügigen Angebots an Elchfleisch an selbigem nicht vorbei. Mir macht das nichts aus, Desi kostet es jedoch einige Überwindung. Generell prallen in der Küche verschiedene Philosophien aufeinander. Haltbarkeitsdaten werden im hiesigen Haushalt extrem großzügig interpretiert und auch Rollies 30-Sekunden-Regel verblüfft uns: Was kürzer als eine halbe Minute auf dem Boden liegt, kann noch verwendet werden, egal, wie dieser gerade aussieht. Mal unter uns – der Boden ist nie so wirklich rein! Grundsätzlich herrschen hier in der Wildnis eben etwas andere Verhältnisse als in der für uns gewohnten Großstadt, nicht nur, wenn es um Nahrungsmittel geht. Eingekauft wird einmal wöchentlich von Tami in Bella Coola, bevor sie übers Wochenende nach Hause kommt. Während der Woche haben wir also die Möglichkeit, bei ihr Bestellung für Frischkram aufzugeben, überwiegend entstammen unsere Mahlzeiten jedoch Eistruhe und Konservendose. Wir raufen uns trotz unserer teilweise differierenden Essensvorstellungen in unserer Zeit hier oben zusammen, springen einfach mal öfter über unseren Schatten und erweitern unsere Toleranzgrenze. Da wir aber auch nicht davor zurückscheuen, selbst Hand anzulegen und Rollie auch nimmermüde unsere Vorstellungen einer Küche näherbringen, kommen wir unter den gegebenen Umständen prima zurecht. Schon nach dem zweiten Abendessen ist unser Hausherr dann vollends davon überzeugt, dass wir „wonderful people" seien und er uns das Resort sehr, sehr gerne verkaufen würde. Sogar zu einem Freundschaftspreis. Rollie wird am Ende des Tages immer ganz redselig und gesellig, was auch daran liegt, dass er sich allabendlich locker drei bis fünf große „Crown Royal" genehmigt, kanadischer Whisky mit Diätzitronenlimo. Wohlgemerkt stets auf medizinischer Bereitschaft. Außerdem telefoniert er jeden Abend mit seiner Frau Tami, plärrt dabei lustige Zwischenkommentare in den Hörer und nimmt den Apparat auch mit auf das Örtchen, wenn es denn mal Not tut. Am Ende der Woche haben wir dann die Gelegenheit, Tami kennenzulernen und Rollies merkwürdiges Telefonierverhalten wundert uns überhaupt nicht mehr. Tami hat ein sehr stoisches Wesen, emotionale Zustände oder Regungen finden nicht statt. Dafür hat sie die Neigung, einem in völliger Monotonie irgendwelche Vorträge zu halten, denen man schon auf Deutsch kaum folgen könnte, auf Englisch wird es jedoch grotesk. Vielleicht liegt das an ihrer Ernährung, sie verzichtet nämlich auf Kohlehydrate, zu 100 Prozent. Diese Facette macht natürlich auch die gemeinsamen Abendessen nochmals interessanter.

Vertreibung der Kühe

Mutter und Kind – nicht die Jagdopfer

Unsere erste Woche am Nimpo Lake findet zu einem krassen Abschluss. Als wir zur abendlichen Essenszeit mal wieder von unserer Cabin übers Grundstück zum Haupthaus spazieren, entdecken wir zwischen den Hütten zwei Hirsche. Für uns natürlich eine große Sache, und ganz aufgeregt berichten wir unseren Gastgebern von unserer Sichtung.

Deren Reaktion, insbesondere Rollies, fällt für uns etwas unerwartet aus. Er rennt ins Schlafzimmer, krallt sich ein Gewehr und eilt nach draußen. Die Hirsche sind aber schon weg, wir dafür ziemlich baff. Nun ist es um Rollie geschehen, denn nachdem wir die Tiere beschrieben haben, ist klar, dass diese bejagt werden dürfen. Am nächsten Abend legt er sich vor dem Essen auf die Lauer, die Hirsche lassen sich aber nicht blicken, so dass wir am übernächsten Abend fast schon belächeln, wie er wiederum im Tarnhemd, mit Gewehr, Gartenstuhl und natürlich „Crown Royal" unterm Arm übers Grundstück schleicht. Als es zweimal laut knallt, zucken wir dafür umso heftiger zusammen. Der Hirsch war wieder da und ist nun für immer von uns gegangen. Ich darf den folgenden Verarbeitungsprozess im wahrsten Sinne des Wortes hautnah begleiten und mache dabei eine ziemlich prägende Erfahrung. Auf eine detailreiche Schilderung möchte ich mit Rücksichtnahme auf zartere Gemüter verzichten, kann aber versichern, dass die Jagd hier keinesfalls aus Vergnügen oder kommerziellen Gründen erfolgt, sondern das Tier komplett in Eigenbedarf verzehrt wird. Nach getaner Arbeit hängen wir den Hirsch zum Ausbluten und Häuten an eine der unzähligen Scheunen, in wenigen Tagen wird Rollie ihn dann zu einem Metzger in der Nähe zur weiteren Verarbeitung bringen.

Das Thema „Jagd" wird uns etwas später eine Zeit lang die alleinige Herrschaft über das Resort bescheren. Anfang Oktober steht für Rollie, Tami und deren

Freund Rock die alljährliche Elchjagd an. Diese findet 80 Kilometer weiter nördlich an einem der unzähligen Seen in der Umgebung statt, die nur per Wasserflugzeug erreichbar sind. Da ein Elch nicht im Handumdrehen erlegt wird und nach Möglichkeit sogar zwei Exemplare erbeutet werden sollen, kann sich diese Angelegenheit zwei Wochen lang hinziehen, solange gilt zumindest der Jagdschein. Davor ist eine ausgiebige Vorbereitung nötig und es muss im Vorfeld ein Jagd-Camp errichtet werden. Dies ermöglicht mir den ersten Wasserflugzeugtrip meines Lebens, denn ich bin Rollies offizieller Campaufbaugehilfe. Mit fleißiger Unterstützung von Desi muss dafür zunächst der Flieger mit allem, was der tägliche Jagdbedarf so vorsieht, bestückt werden. Nach und nach wandern diverse Wasserkanister, Gasflaschen, Zelte, Schlafsäcke, Gummistiefel, Kettensägen, Lebensmittelvorräte usw. runter an das Dock. Diese werden dann mit mehr oder weniger chirurgischer Präzision von Rollie in die Cessna gepresst. Auch ein Faltboot nehmen wir mit, das eher semiprofessionell auf einer der Flugzeugkufen befestigt wird. Schlussendlich muss ich über den Pilotensitz auf den Kopilotenplatz klettern, und nach Rollies mühevollem Zustieg kann es losgehen.

Mit allerlei Getöse und Geknatter springt die Maschine an und Rollies Anmerkung, man sei heute aber „pretty heavy", trägt nicht unbedingt zu meiner Entspannung bei. Rollie vergisst dann noch, seine Tür zu schließen, was aber deswegen nicht weiter tragisch ist, da der erste Startversuch abgebrochen werden muss. Die Maschine kommt einfach nicht hoch. Selbst Rollies energisches Vor- und Zurückwippen während des „Anlaufs" bringt keinen Erfolg. Ich sage mir an dieser Stelle nur noch mantraartig: Solange wir noch auf dem Wasser sind, kann ja eigentlich nicht viel passieren. Rollie nimmt den misslungenen Start gewohnt unerschütterlich, wir schippern zurück zum Dock, entledigen uns einer Wasserkiste, einer Gasflasche und des Faltboots und probieren unser Glück erneut. Diesmal gelingt der „take off" tatsächlich und träge, aber gemütlich, brummeln wir von dannen. Dass die Treibstoffnadel erstaunliches Spiel in der Anzeige hat, ist sicher ganz normal. Eine halbe Stunde und einen ruhigen Flug später sind wir am Ziel, auch die Landung ist relativ sanft. Wir bauen ein großes Zelt auf, schlagen Feuerholz und verstauen die Werkzeuge und Vorräte wasserdicht. Nach dreieinhalb Stunden sind wir wieder zurück am Resort, Desi und ich wieder vereint und ob dessen sehr erleichtert. Sie hat sich während unserer Abwesenheit ziemlich gegruselt, ganz allein auf dem riesigen Grundstück. Höchst motiviert, und auch um die Zeit schnellstmöglich

Ready for take off

tot zu schlagen, hat sie sich gleich nach unserem Abflug an die Sisyphosarbeit des Zeltplätzerechens gemacht.

Doch es war ihr nicht ganz wohl dabei, auch aufgrund der Tatsache, dass nur wenige Meter entfernt der tote Hirsch am Geräteschuppen baumelte. Als dann auch noch just aus diesem Gebäude ein dröhnender Laut kam, war es vollends um sie geschehen und mit einer schnell organisierten Schaufel bewaffnet trat sie rückwarts laufend den Weg zum Haupthaus an, um sich dort zu verbarrikadieren. Ging aber nicht, weil die Türen hier nicht verschließbar sind, wozu auch? Die Verzweiflung ihrerseits muss groß gewesen sein. Zur Ablenkung unterzog sie dann das Haupthaus einer Generalreinigung, was hier nie schaden kann. Umso glücklicher ist sie nun, dass wir wieder zurück sind und informiert Rollie gleich über das Geräusch aus dem Schuppen. Er klärt sie darüber auf, dass das wohl der Kompressor sein muss, den hat er vergessen auszuschalten. Gleichzeitig amüsiert er sich natürlich köstlich über ihre Ängstlichkeit und die kleine Orchid darf sich noch die folgenden Wochen damit aufziehen lassen.

Sisyphos lässt grüßen

Nach all diesen Aufregungen sind wir froh, am Wochenende mal dem Arbeitsmoloch entkommen zu können, und wir unternehmen einen Ausflug nach Bella Coola. Bis jetzt hatten wir immer den Eindruck, Nimpo Lake sei das Ende der Welt, aber jetzt wissen wir, dass es noch viel verschlafener und entlegener geht! Fährt man nämlich auf dem Highway 20 weitere 180 Kilometer Richtung Westen, so gelangt man hinunter nach Bella Coola im Great Bear Rainforest. Die Straße endet hier, weiter geht es nur noch per Wasserflugzeug oder Schiff.

Unsere „Gastmutter" Tami überlässt uns freundlicherweise ihr Appartement, was wir uns zunächst noch eine Nacht mit ihr teilen müssen, bevor sie wieder zurück an den Lake fährt. So steigen wir voller Vorfreude an einem sonnigen Donnerstagmittag ins Auto (das nach einer Woche Stillstand erstaunlich rund anläuft) und begeben uns auf den Weg. Als Highlight steht zunächst die Bezwingung des teuflischen „The Hill" auf dem Programm. Hierbei handelt es sich um eine sehr steile und sehr kurvenreiche Passstraße aus Schotter, die uns mit Gefällen von bis zu 18 Prozent runter ins „Valley“ befördern soll. In der Touristinfo von Williams Lake hatten uns lustige Aufkleber mit Sprüchen wie „I survived the hill“ bereits einen kleinen Vorgeschmack auf den steinigen Weg gemacht. Und was soll ich sagen? Ja, es ist wirklich sehr steil und ab und an wäre Gegenverkehr echt suboptimal, aber wir, und selbstverständlich auch unser treuer Explorer, meistern diese erste Herausforderung des Wochenendes bravourös. Unten angekommen, lechzen wir, insbesondere ich, Desi ist dies bezüglich ja etwas zurückhaltender, nach unserer ersten Grizzlysichtung. Hier unten im Bella Coola Valley, Teil des letzten nordpazifischen Regenwaldes, wimmelt es nämlich nur von solchen, und gerade jetzt ziehen die Lachse flussaufwärts, um zu laichen, da wollen sich die Bären den ein oder anderen Leckerbissen nicht entgehen lassen. Wir halten an einer Bear-Viewing-Plattform im Tweedsmuir Provincial Park und werden erst einmal vom Ranger über die möglichen Risiken und vorgegebenen Verhaltensmaßnahmen belehrt. Wir nicken brav alles ab, das Elektrozauntor öffnet sich und wir dürfen zur Plattform, mit bestem Blick auf den Atnarko River. Relativ bald erspähen wir, ca. 250 Meter entfernt, drei kleine Schwarzbären, die im Wasser herumtollen, mit bloßem Auge jedoch kaum erkennbar. Außerdem werden wir ständig abgelenkt von einer Deutschen in Skihose (die Sonne scheint und wir haben 22 Grad), die an ihrer Hand eine Kamera mit Mörderobjektiv hängen hat und mit starkem sächsischen Akzent auf ein weiteres deutsches Ehepaar einredet. Sie hat es sehr wichtig und heute schon so viele Bären gesehen, aber in ihrer Unterkunft funktioniert ja das WLAN nicht und überhaupt und überhaupt. Wir versuchen, uns nicht als Deutsche erkennen zu geben und ziehen recht zeitnah weiter zum Fisheries Pool Campground, von dem aus man enenso einen tollen Blick auf den Fluss hat. Das weiß die sächsische Fachfrau scheinbar auch, denn wenige Minuten nach uns steigt sie dort aus dem Auto. Mannomann, da fahren wir schon so weit weg von zu Hause und dann werden wir von dieser schrecklich anstrengenden Frau verfolgt. Wir versuchen, Augenkontakt zu vermeiden, da dies sicherlich ihre Aufmerksamkeit sowie einen damit verbundenen Redeschwall auf uns lenken würde und ziehen uns, aufgrund mangelnder Bärenpräsenz und unangenehmen Fischverwesungsgeruchs (die Lachse versterben nämlich nach dem Laich), schnell in unser Auto zurück. Wir möchten in Hagensborg (das Örtchen vor Bella Coola) auf Rollies Empfehlung Barry aufsuchen, seines Zeichens Automechaniker mit norwegischen Wurzeln. Hagensborg wurde einst von norwegischen Einwanderern aus dem amerikanischen Minnesota gegründet, verrückt ... Barry ist eine lustige Type und einer dieser völlig tiefenentspannten Bilderbuchkanadier. Selbstverständlich ölverschmiert, beißt er gerade herzhaft von einem kleinen Törtchen ab, als wir aus unserem Wagen steigen. Unsere Karre wurde ja nun sehr viel gefahren und ein Ölwechsel sowie eine kleine Inspektion sind wiedermal überfällig, ich kann sonst nicht ruhig schlafen. Daher wollen wir mit Barry einen Termin während unserer Zeit im Valley vereinbaren, was dadurch akustisch erschwert wird, dass er sich immer weiter sein Törtchen in den Mund schiebt. Irgendwie schaffen wir es dennoch, eine Inspektion für Samstagvormittag zu vereinbaren und ziehen weiter. Erst mal den Supermarkt auschecken. Ein richtiger Supermarkt! Kein sehr großer, aber immerhin Vollsortiment! Wie lange haben wir das schon nicht mehr gesehen? Wir fühlen uns wie im Schlaraffenland und ich muss mich echt zurückhalten, nicht alles auf einmal in den Einkaufswagen zu stopfen vor lauter Glückseligkeit. Als nächstes steht ein Besuch in der Tourist Information auf dem Zettel. Da wir vorher nicht wussten, wann wir in der Werkstatt einen Termin bekommen, haben wir noch keine Pläne gemacht für unsere Tage hier unten und wollen uns nun mit ein paar Flyern eindecken. Doch, oh Schreck! Die Tourist Info ist „closed for the season". Na, dann fahren wir erst einmal in die „Stadt" Bella Coola, dort werden wir uns sicherlich auch informieren können. Wir sind weiterhin guter Dinge, bis wir in Bella Coola ankommen. Moment mal, das soll die Stadt, respektive der Ort, Bella Coola sein? 3x3 Schotterstraßen und nahtlos anschließend ein paar ziemlich gammelige Straßenzüge „Reserve" der Natives? Immerhin ein Supermarkt, zwei Restaurants (was man hier halt so Restaurant nennt, eine Bücherei (der einzige Ort, an dem es einen Hauch von Wi-Fi gibt) und ein Liquor Store. That's it? Kommt uns eigentlich weder besonders Bella, noch wirklich Coola vor. Wir haben definitiv etwas anderes erwartet, auch wenn unser Lonely Planet uns bereits vorgewarnt hat, dass es hier nicht viel zu sehen gibt. Noch nicht mal einen Tim Hortons gibt es hier? Es ist halt nicht nur klein, nein, es ist auch irgendwie trist und heruntergekommen. Trostlos. Kaum Menschen auf der Straße und die wenigen, die man sieht, sind Natives, die irgendwie auch abwesend und verloren wirken. Die vielen herum stromernden Hunde dagegen erinnern uns an Thailand. Also nein, das haben wir uns wirklich anders vorgestellt. Glücklicherweise stellt sich das Appartement unserer Gastmutter als überraschend modern und sauber heraus, wir verlassen es aber schnell wieder, um das einzige abends geöffnete Restaurant aufzusuchen, unserem Leib etwas Gutes zu tun und einen Schlachtplan für die nächsten Tage zu entwerfen. Das Essen ist leider nicht so der Reißer, und wie so oft in unserem Abenteuerjahr ist es auch hier der Fall, dass uns ein

Wanderung durch Grizzly Country

leichter Blues befällt, sobald wir neu an einem Ort ankommen und es uns dort nicht auf Anhieb richtig gefällt. Da wird einem dann doch immer sehr deutlich vor Augen geführt, das man nicht „daheim“ ist. Eigentlich haben wir gar keine Lust, hier länger zu verweilen. Es dauert nicht lange (nur eine Nacht) und bei Desi öffnen sich die Schleusen. Es gibt ganz sicher viel trostlosere und entlegenere Orte auf der Welt, aber mit so viel unberührter Wildnis kommt sie gerade nicht mehr zurecht. Ich versuche, sie wie immer moralisch zu unterstützen, und so heißt es Pobacken zusammenkneifen und auf geht es zu einer kleinen Wanderung, oder sagen wir besser Spaziergang.

Meister Petz

Danach sieht bestimmt alles ganz anders aus. Wir wagen uns also auf den sehr kurzen und sehr märchenhaften Kettle Pond Trail, dabei ist uns beiden aber nicht ganz so wohl, da wir uns hier definitiv mitten in Grizzly Country bewegen und einige der Kollegen ganz sicher hinter dem nächsten Baum sitzen. Wir klatschen deshalb in regelmäßigen Abständen immer wieder laut in die Hände, trällern ein paar Takte vor uns hin und geben weitere, für Außenstehende sicherlich sehr abstrakt wirkende Laute von uns. Vor ein paar Wochen im Kananaskis Country habe ich mich über dieses Gebärden meiner Frau noch lustig gemacht, jetzt erscheint es selbst mir als ein probates Mittel, um einer Grizzlyattacke zu entgehen. Unversehrt, und ob dessen sehr erleichtert, erreichen wir unser Auto und möchten noch einmal zur Bear Viewing Plattform. Das Wetter ist schön, die Sonne sendet warme Strahlen aus, und man kann sich dort auch hinsetzen. Optimal also, um noch ein paar letzte Spätsommerstrahlen einzufangen, bevor es (nach einem klitzekleinen Strandurlaub in Florida) in den kalten kanadischen Winter geht. Wir lassen uns also auf der Terrasse nieder und beweisen Sitzfleisch, was sich nach knapp einer Stunde bezahlt macht, denn da taucht am gegenüberliegenden Ufer ein großer Grizzly auf und läuft, nach einer intensiven Riechpause, zum Wasser.

Kurz darauf sehen wir flussabwärts einen weiteren Grizzly, der gerade Lachse angelt und sie genüsslich im Wasser verspeist. Desi äußert den Wunsch, just in diesem Moment in Besitz der tags zuvor gesichteten Kamera mit Möderobjektiv sein zu wollen, aber die Kompaktkamera muss heute (wie auch für unser gesamtes Reisejahr) mal reichen und ins Gedächtnis brennt sich das Bild sowieso ein. Herrlich! Das hat sich richtig gelohnt und die Laune ist mittlerweile auch wiederhergestellt. Zumal wir uns abends lecker bekochen und die Vorzüge der Kombination Couch + TV wiederentdecken. Für den kommenden Tag ist der Werkstatttermin vorgesehen. Wir fahren wie vereinbart morgens kurz vor zehn (der Deutsche ist schließlich pünktlich) bei Barry auf den Hof, wo er uns auch schon mehr oder weniger erwartet. Zur Begrüßung schiebt er sich dieses Mal locker einen Pfirsich rein, anscheinend kann der Mann nur mit vollem Mund kommunizieren (oder arbeiten)?! Außerdem lässt er es sich nicht nehmen, uns etwas zu verkohlen (hoffen wir zumindest), er behauptet nämlich steif und fest, nicht zu wissen, was ein Airbag sei. Dennoch schreitet er zügig zur Tat und wir warten so lange vor der Garage. Die ganze Sache geht ziemlich schnell vonstatten und Barry ist froh, uns mitzuteilen, dass soweit alles in Ordnung ist, unser Auto für sein Alter sehr manierlich aussieht und wir sogar ein paar „very good parts“ unter der Haube haben. Das höre ich natürlich gerne.

Am Nachmittag haben wir dann die Gelegenheit, einem ganz besonderen Event beizuwohnen: einem Potlatch, das ist ein Stammestreff bzw. eine Gemeindesitzung der Natives. Der Hauptanlass dafür ist, dass vom örtlichen Stamm, den Nuxalk, eine ganz besondere Maske präsentiert werden soll. Der Potlatch findet in der Turnhalle des Reservates statt, und jedermann/-frau ist willkommen, auch wir Bleichgesichter. Um ein Uhr soll es losgehen, wir sind natürlich überpünktlich und haben auch noch freie Platzwahl. Die Reihen füllen sich nur sehr langsam und auch im „Bühnenbereich“ hat man überhaupt keinen Stress, zieht sich ganz entspannt die Mokassins über und legt Kriegsbemalung auf. Mit knapp einstündiger Verspätung geht es dann los, die jeweiligen „Chiefs“ (die Familienvorstände) nehmen auf der Bühne Platz und ein ritueller Gesang, ganz so wie man sich das als Europäer vorstellt, eröffnet die Veranstaltung, gefolgt von einem christlichen Gebet. Der erste offizielle Punkt ist dann die Vorstellung der Security. Eigens für dieses Event wurde ein Sicherheitsteam, bestehend aus drei Personen, zusammengestellt. Diese werden auf die Bühne gerufen, namentlich vorgestellt und bekommen Schärpen umgehängt, an die ihr Verdienst drangetackert wurde. Immerhin 50 Dollar pro Sicherheitsmitarbeiter. Wäre eigentlich auch der perfekte Job für uns gewesen. Nun sind wir ganz gespannt auf den zweiten Programmpunkt: das Namegiving. Verschiedenste Menschenkinder erhalten aus den verschiedensten Gründen heute ihren „Indianernamen“. Es ist recht amüsant, dass die Natives selbst große Probleme damit haben, die jeweiligen Namen im Original auszusprechen. Unser Favorit ist übrigens (übersetzt ins Englische) der Name „to barbecue a salmon“, also frei nach Kevin Costner: Der, der den Lachs grillt. Die Prozedur ist anfangs interessant, zieht sich aber beinahe unendlich in die Länge. Nachdem es auf halb vier zugeht und der Zeremonienmeister noch immer einen ganzen Stoß Namensurkunden in der Hand hält, beschließen wir, dass es das für uns erst einmal gewesen sein soll. Die tolle Maske wird ohnehin erst am Folgetag präsentiert, wie wir erfahren, und da sind wir schon längst wieder am Nimpo Lake. Trotz einer gewissen Langatmigkeit war es eine tolle Sache, diesem Geschehen beizuwohnen. Der nächste Tag ist dann schon unser Abreisetag. Nun ging die Zeit im trostlosen Bella Coola aber doch schnell rum. Wir machen uns auf den Rückweg, halten unterwegs beim letzten Farmers Market der Saison, mit drei Ständen sehr übersichtlich, und versorgen uns am Self-Service-Stand eines lokalen Bauern. Man bedient sich von einem Tisch und wirft den entsprechend Geldbetrag in eine Sparbüchse. Hier hat man noch Vertrauen in die Menschheit.

Abschließend versuchen wir noch einmal unser Glück bei der Bear Viewing Plattform. Dort angekommen, erzählt uns der Ranger John, mit dem wir uns schon vor zwei Tagen so nett unterhalten hatten, dass wir die große Bären-Morning-Action verpasst haben. Eine Schwarzbärin ist mit ihrem Kleinen direkt über den Parkplatz und an der Plattform vorbeigelaufen. Auf einmal kam ein großer Grizzly ums Eck und die Schwarzbärin schickte ihr Cub auf einen Baum und kletterte hinterher, bis die Gefahr gebannt war. Hätten wir doch nur unser Rommèspiel heute Morgen ausfallen lassen! Das Bärenglück ist uns heute nicht mehr hold, dafür geraten wir in die Fänge der Skihosen-Mörderobjektiv-Schwätzerin, die natürlich auch wieder ihr Unwesen hier treibt. Sie weiß einfach alles, toll! Glücklicherweise stürzt sie sich nach ein paar Minuten auf ein Schweizer Ehepaar, das sie wohl schon kennt und unterhält diese mit ihrem Sermon, den wir unfreiwillig, aufgrund ihrer Lautstärke, mitverfolgen und lernen dabei natürlich einiges. Wenn man nämlich im Wald unterwegs ist, kann man die Bären damit verjagen, indem man „We all live in a yellow submarine“ singt. Denn singen beruhigt ja und dann fühlen sich auch die Bären nicht bedroht. Sie wurde ja mal an einer Viewing-Plattform vergessen, weil sie mit ihrem Stativ unten stand und die Gruppe oben auf dem Hügel und dann kam der Grizzly und der hat vor Angst gepinkelt und dann kam der Ranger und hat die Skihosen-Mörderobjektiv-Tante angeschrien und und und … Es ist Zeit für uns, in unserem White Submarine wieder den Hill hinaufzuklettern und zurückzukehren in unseren Wildnisalltag.

Fruit Stand in Hagensborg

Am Nimpo Lake steht nun nämlich die Jagd an. Tami und Rollie werden dabei, wie bereits erwähnt, von ihrem Freund Rock begleitet, der am selben Tag anreist, an dem wir aus Bella Coola zurückkehren und unsere Essensrunde erweitert. Er

Abendrot am Nimpo Lake

ist ein guter Typ, hat in Kanada schon sehr viel erlebt und gesehen und ist immer für eine Story und einen Spruch gut. Üblicherweise jagt er in normal zugänglichen Gebieten und da ist es dann selbst hier im weiten Kanada heutzutage oft mal sehr dünn mit der Beute. Deshalb ist er auch ganz aufgeregt, dass er dieses Mal mit Rollie in ein derart abgelegenes Gebiet kommt und freut sich wie ein kleines Kind. Die Jagdgesellschaft fliegt aus und wir beide sind nun die alleinigen Herrscher über das Resort. Bahn frei im Haupthaus, Internet, TV und Gefriertruhe unterliegen unserem Kommando. Gearbeitet wird selbstverständlich auch, aber wir wollen es ja nicht übertreiben. Abends gruseln wir uns sanft in den Schlaf, denn das Bewusstsein, die einzigen Menschenseelen im Umkreis einiger Kilometer zu sein, muss erst einmal verdaut werden. Vor allem angesichts der Schwärze der hiesigen Nacht und dem steten nächtlichen Knacken und Knistern rund um unsere Cabin. Unsere Regentschaft ist jedoch nur von kurzer Dauer, die Jagd verläuft nämlich sehr erfolgreich. Bereits am vierten Tag sehen wir den

Flieger schon wieder am Dock vertaut, als wir von einer Fuhre Sperrmüll zurückkommen. Rollie und Tami sind zurück, mit ihnen ein Elch in mehreren Teilen, zwei davon rechts und links an die Schwimmkufen des Flugzeugs gebunden. Ein surreales Bild. Rock ist allein im Jagdcamp verblieben und harrt der nächsten Beute. Für uns wird es nun heftig. Die einzelnen Elchstücke müssen vom Flieger per Schubkarren ins Kühlhaus verladen werden, eine schwere, blutige und rutschige Angelegenheit.

Ich muss voll ran, Desi schlägt sich sehr tapfer, hält sich aber eher an die logistischen Aufgaben und vermeidet direkten Kontakt mit den Leichenteilen. An der Waschmaschine holt sie der Elch dann aber doch ein. Während unserer Zeit am Nimpo Lake haben wir keinen großen Kleidungswechselbedarf. Es gibt Arbeitsklamotten für vormittags, Gammelklamotten für nachmittags und Schlafklamotten für nachts. Dennoch werden insbesondere die Arbeitsklamotten stark

Unverhoffte Metzgerlehre

beansprucht und wir haben glücklicherweise eine leistungsstarke Waschmaschine auf dem Resortgelände vorgefunden, mit der wir uns im Kampf gegen Erde, Schutt, Öl und allerhand andere Widrigkeiten verbünden können. Reiner Luxus, denn wir können quasi waschen, wann wir wollen und müssen zur Abwechslung mal keine Münzen einwerfen. Heute wird Desi aber die verantwortungsvolle Aufgabe übertragen, die Leinentücher, in die die blutigen Elchteile eingewickelt waren, zu waschen. Nach erfolgtem Waschgang finden sich dann jedoch nicht nur die gebleichten Tücher in der Waschtrommel, sondern auch noch zwei Hände voll Elchhaare und –fleisch. An dieser Stelle muss ich dann anrücken und die Trommel mit Küchenrolle und Glasreiniger von sämtlichen Überresten befreien. Etwas seltsam ist es danach schon, unsere Klamotten in dieser Maschine zu waschen.

Rollie bleibt nur für eine Nacht und so machen wir die Cessna am nächsten Tag wieder flott und hoffen auf baldige Heimkehr der verbliebenen Jäger. Mit Tami allein ist es nämlich eher etwas zäh. Zwei Tage später sind die Herren dann glücklicherweise auch schon zurück und mit ihnen ein Prachtexemplar von Elchbulle. Es passen nicht mal alle Teile des Tieres in den Flieger, für den Abbau des Camps sind aber sowieso mehrere Flüge notwendig. Alle sind froh, dass das Ganze so glatt lief, die Elche sähen dies vermutlich anders. Es folgen zwei emsige Tage der Nachbereitung, bevor alles gereinigt, trocken und verstaut ist, dann reist ein glücklicher Rock ab und hinterlässt uns in seiner Cabin, die wir anschließend reinigen, ein saftiges Trinkgeld, mit welchem wir nie im Leben gerechnet hätten.

Nach all der Action gehen wir auch schon in unsere letzte Woche hier am Nimpo Lake. Wir wenden uns den üblichen Instandhaltungsaufgaben zu, machen die Cabins winterfest und verladen weiterhin ordentlich „brush loads". Leider hat der kolossale Dodge in der Zwischenzeit einen Motorschaden erlitten, was mit unserem souveränen Fahrstil natürlich in keinster Weise im Zusammenhang steht, so dass wir nun auf einen kleinen Izuzu-Pick-up umsteigen, der über keinerlei Glasscheiben mehr verfügt.

Einer unserer Workaway-Vorgänger hatte sich damit überschlagen, nur um sich kurz darauf mit der Motorsäge ins Bein zu schneiden. Nein, so was wollen wir dann doch lieber vermeiden, und von kleineren Blessuren abgesehen, bleiben wir glücklicherweise auch unversehrt. Die letzte Woche mit Rollie verläuft gewohnt harmonisch, er würde uns am liebsten adoptieren aber wir (und ganz besonders Desi) sind sehr froh, wenn es jetzt endlich wieder Richtung Urbanität geht. Die letzten Arbeitstage lassen wir es dann entspannter angehen, starten die ein oder andere Quad- und Kanutour und bekommen an unserem letzten Samstag im Resort ein großes Thanksgivingfeast aufgefahren, das feiert man in Kanada nämlich schon im Oktober.

Das Ersatzfahrzeug

Das Packen und Großreinemachen unserer Cabin geht uns beschwingt von der Hand, und die letzte Dienstpflicht am Abreisetag besteht für mich noch darin, zusammen mit Rollie die nicht mehr allzu frisch riechenden Elchteile aus dem Kühlhaus in seinen SUV zu verladen. Die gehen nun zum deutschen Metzger des Vertrauens, fünf Stunden entfernt in 100 Mile House. So fügt es sich, dass uns unser Gastgeber auf unserem Transit Richtung Seattle noch ein Stück begleitet. Das waren also unsere wilden Wochen im Chilcotin. Rückblickend ganz sicher eine unserer prägendsten Erfahrungen im Verlauf des Reisejahres und definitiv das größte Abenteuer. Wir haben viel erlebt, gelernt und gesehen, einiges davon hätten wir nicht unbedingt sehen müssen, aber auch dies erweitert den Horizont. An Rollie und den Nimpo Lake werden wir sicherlich noch so manches mal zurückdenken.

Gedrückte Stimmung

Reiseblues

(Desirée)

Reiseblues

Urlaub macht Spaß! Reisen bereitet Freude! Ja, das stimmt, und wir versichern uns jeden Tag gegenseitig, wie glücklich wir uns schätzen können, solch ein abwechslungsreiches Jahr durchleben zu dürfen. Doch Reisen besteht nicht immer nur aus Abenteuer und Konfetti! Ich dachte immer, Fernweh sei bei mir eine latent existierende Erscheinung, nie hätte ich zu denken gewagt, dass ich des Reisens auch mal überdrüssig werden könnte. Reisemüdigkeit ..., ja, das gibt es wirklich, und es hat nicht zwangsläufig etwas mit Heimweh zu tun. Wir haben in der relativ kurzen Zeit sehr viel sehen und erleben dürfen und sind dankbar dafür. Dennoch kann ich ab und an folgende Gedankengänge nicht aufhalten: Wieso mache ich das überhaupt? Was erhoffe ich mir von diesem Jahr? Will ich mich selbst besser kennenlernen? Will ich Daniel besser kennenlernen? Wird sich mein Leben nach dieser Reise komplett verändern? Oder bleibt alles beim Alten und dieses Jahr ist nur ein kurzes und spannendes Kapitel in meinem Leben? Einmal angeschubst, zieht das Gedankenkarussell immer weitere Bahnen und droht, nie mehr stoppen zu wollen.

Reisemüdigkeit bedeutet für mich auch, dass ich keine Lust habe, mich alle zwei Nächte an eine neue Umgebung gewöhnen zu müssen. Ich habe das Gefühl, all die neuen Eindrücke nicht mehr verarbeitet zu bekommen, dass ich all die Abenteuer nicht mehr zu schätzen weiß. Wie schön wäre es, mal wieder ohne Flipflops in eine Dusche zu steigen, die wohlriechende Kleidung aus dem Schrank statt aus dem miefenden Koffer zu ziehen? Herrlich, der Gedanke an die eigenen vier Wände in Frankfurt. Das ständige Hin und Her erfordert ein kontinuierliches Anpassen an neue Begebenheiten, seien es Unterkünfte, Infrastruktur, Zeitzonen oder anderes.

Während unserer Zeit am Nimpo Lake treffen mich diese Müdigkeit und das Gedankenkreisen mit voller Wucht. Vielleicht liegt es an der Abgeschiedenheit, an der Ruhe und der Tatsache, dass man nach getaner Arbeit sehr viel Zeit zum Nachdenken hat. Zum ersten Mal habe ich die Gelegenheit, Luft zu holen und die ersten, teilweise recht dynamischen Reisemonate Revue passieren zu lassen. Von jetzt auf gleich fühle ich mich leer, ausgebrannt und zweifle diese ganze Reise an. Die Ruhe und Wildheit der neuen Umgebung tragen ihr Übriges dazu bei. Wieso reist man in die Wildnis, fühlt sich einsam, hat Angst, isst wildes Fleisch, sehnt sich nach der Stadt, nach Museen, nach Restaurants, nach Musik, nach Zentralheizung, nach der schön eingerichteten Wohnung zu Hause, nach Schreibtischarbeit ... Nach was suchen wir hier? Warum sind wir hier? Wieso verlasse ich meinen Bürojob für ein Jahr, um hier im Wald herumzuwühlen? Doch sofort besinne ich mich wieder: Haben wir uns nicht für diese Reise entschieden, um endlich mal etwas Neues zu erleben, den Horizont zu erweitern, über den Tellerrand hinaus zu schauen, das Blatt mal umzudrehen? Um aus dem ständigen Einheitsbrei auszubrechen? Um etwas zu erzählen zu haben, um nicht das Gefühl zu haben, dass das eigene Leben stillsteht, während sich das des Umfelds kontinuierlich zu verändern scheint und unseres sich nicht in die Richtung entwickelt, in die wir es gerne lenken würden? Ich freue mich auf zu Hause. Ich freue mich aber genauso auf die Stationen, die noch vor uns liegen. Ich freue mich auf das, was kommt und ich nehme in Kauf, dass es noch die ein oder andere ernste, müde oder gar traurige Minute geben wird, in der ich alles anzweifeln werde. In der ich Familie, Freunde, Kollegen und mein Zuhause vermissen werde. Und was das Jahr bringt, das werde ich wissen, wenn ich wieder daheim bin. Vielleicht auch nicht. Vielleicht ist diese Reise auch dazu da, dass ich mal lerne, nicht immer alles zu hinterfragen, nicht alles zu planen, sondern auch mal abzuwarten und im Hier und Jetzt zu leben. Es kommt, wie es kommt. Es heißt ja nicht umsonst, das Leben sei das, was passiert, während man damit beschäftigt ist, Pläne zu machen. Ich kann Flüge buchen, Hotels aussuchen, Reiserouten bestimmen. Aber das, was die Reise zu dem macht, was sie ist, das kann ich nicht planen. Das sind zufällige Begegnungen, Geschichten, die wir hören, Dinge, die wir sehen und Grenzen, die wir überwinden, wie zum Beispiel hier in der wilden Abgeschiedenheit des Nimpo Lake.

Seelentröster

Was ich bis jetzt schon weiß und gelernt habe? Ich habe sehr viel über mich gelernt, Positives wie auch Negatives. Ich habe auch viel über Daniel gelernt, obwohl wir schon seit elf Jahren unser Leben gemeinsam „bestreiten“. Ich bin glücklich, ihn an meiner Seite zu wissen und weiß, dass ich ohne ihn sicherlich das ein oder andere Mal in Erwägung ziehen würde, diese Reise einfach abzubrechen. Er bringt mich immer wieder auf den Boden der Tatsachen, zum Lachen, motiviert mich und ist meine Konstante! Ein Hoch auf den besten Partner, um gemeinsam durchs Leben zu reisen!

Wie auf Kommando steht dieser Partner nun im Türrahmen und reißt mich aus meinen Gedanken: „Auf, Tee ist fertig und die Cookies stehen auf dem Tisch. Ich zock‘ dich jetzt im Rommé ab!“ Und auch wenn das die Reisemüdigkeit nicht vollständig kuriert, so ist es doch ein Pflaster und die Zuversicht, dass alles irgendwie gut wird. Dass ich die Dinge einfach mal laufen lassen und auch mal beim Kartenspiel verlieren muss. Denn Rückschläge gehören dazu, zum Leben wie auch zu unserer Reise.

Ärger mit Uncle Sam

(Desirée)

Ärger mit Uncle Sam

Das Abenteuer Nimpo Lake haben wir hinter uns gebracht und eine gewisse Erleichterung lässt sich nicht von der Hand weisen. Endlich sind wir wieder freie Menschen und können tun und lassen, was wir wollen, nichts und niemand kann uns aufhalten. Doch wir haben unsere Rechnung ohne den Wirt bzw. den amerikanischen Grenzbeamten, gemacht. Als deutscher Staatsbürger bekommt man bei der Einreise in die USA im Normalfall eine Aufenthaltsgenehmigung für 90 Tage. Wir haben ja im August das erste Mal in diesem Reisejahr die kanadisch-amerikanische Grenze überquert, um durch Neuengland zu reisen und eine Hochzeit in Boston zu besuchen. Das bedeutet, dass wir uns quasi noch bis Ende der ersten Novemberwoche in den USA aufhalten dürfen. Natürlich haben wir die letzten Monate aber nicht in den Vereinigten Staaten von Amerika, sondern im wunderschönen Kanada, verbracht – von unserer einwöchigen Alaskakreuzfahrt einmal abgesehen. Summa Summarum waren wir seit Ersteinreise also nur 17 Tage bei Obamas Schäfchen und planen jetzt die nächste USA-Stippvisite: viereinhalb Wochen, die sich auf Seattle und die Bundesstaaten New York und Florida verteilen. Geplante Rückreise nach Kanada ist Mitte November und so entsteht ein Interessenskonflikt zwischen uns und der amerikanischen Einwanderungsbehörde, denn wir dürfen ja nur bis Anfang des Monats im Land bleiben. Selbstverständlich hat mir diese Tatsache schon im Vorfeld einiges Magengrummeln bereitet. Wie sollte es auch anders sein. Aber ein bisschen sind wir halt doch schon abgebrühte Kanadier geworden und so lassen wir es einfach darauf ankommen, grundsätzlich benötigen wir einfach nur ein neues grünes Zettelchen, was eigentlich auch kein großes Problem sein sollte. Wird schon alles gut gehen. Wieso auch nicht? Frohen Mutes, zugegebenermaßen auch ein kleines bisschen nervös, nähern wir uns also der Grenze. Wir tuckern zum Grenzbüdchen und reichen dem freundlich grüßenden jungen Mann unsere Reisepässe. Er bittet uns, das hintere Fenster herunterzulassen, so dass er einen Blick ins Auto werfen kann, fragt, wo wir hin möchten und wie lange wir gedenken zu bleiben. Wir antworten ehrlich und er stellt richtig fest, dass wir dann ja neue grüne Einreisezettelchen benötigen. Wir sollen einmal um die Ecke fahren und dort parken und dann ins Büro kommen, er bringt unsere Pässe dorthin. Er spricht es nicht aus, aber das macht er natürlich, damit wir nicht doch einfach türmen können. Dennoch, wir denken, alles läuft wie geschmiert. „Ist also wirklich nur eine Pro-Forma-Sache, das ist doch cool", sage ich, nicht ohne einen kleinen Hauch von Euphorie. Wir gehen ins Büro und werden dort von einem Kollegen des netten Mannes aufgerufen. Er hat sich in der Zwischenzeit unsere Pässe gekrallt und klärt uns darüber auf, dass wir eine Woche länger bleiben wollen, als wir eigentlich dürfen. Als ob wir das nicht wüssten, aber wir brauchen doch einfach nur ein neues Zettelchen. So einfach sei das nicht, teilt er uns jedoch mit. Man könne das

I-94 (so der offizielle Name des Visa Waiver Program) nicht einfach verlängern. Warum wir kein Visum beantragt haben, wenn wir länger als 90 Tage bleiben wollen? Wir erklären, dass wir doch gar nicht 90 Tage im Land waren, dass wir die ganzen letzten Wochen in Kanada waren und dass wir im November dorthin zurückfahren, ja, dass wir sogar Job und Wohnung dort haben. Das reicht ihm nicht als Erklärung, er stellt weitere Fragen, um sicherzugehen, dass wir nicht doch in den USA bleiben wollen. Wir zeigen ihm Rückflugtickets, Buchungsbestätigung der Wohnung in Vancouver, erklären ihm, wo wir arbeiten werden, aber all das interessiert ihn nicht bzw. kann er es scheinbar nicht verarbeiten, denn, mit Verlaub, wirklich clever schaut er auch nicht drein. Wieder und wieder fragt er die gleichen Sachen, will wissen, wieso wir überhaupt auf eine so wahnwitzige Idee kommen, ein Jahr einfach mal herumzureisen? Sind wir verheiratet? Haben wir Kinder? Wir haben keine Kinder? Was arbeiten wir zu Hause? Tour Operator? Was ist das? Ah, in der Tourismusbranche. Und schon hat er einen Aufhänger. Also, da sollte ich doch wohl wissen, dass man ein Visum braucht, und so weiter und so fort. Ich höre auf einmal ein Rauschen in meinen Ohren und bin kurz vorm Explodieren. Daniel versucht, mich nonverbal zu beschwichtigen, nach elf Jahren Beziehung spürt man so etwas und ich versuche, mich herunter zu atmen. Jetzt will sich der nette Beamte ohnehin erst einmal unser Auto genauer anschauen. Wir dürfen nicht mit, schauen ihm jedoch durch die Scheibe zu, wie er locker ein paar Minuten lachend mit einem Kollegen schwatzt, dann halbherzig ein paar Taschen im Auto hin und her schiebt und zu guter Letzt noch gewaltsam die Dachbox öffnet, ohne sie vorher aufzuschließen. Wir halten den Atem an. Die Dachbox ist ja quasi unsere Achillesferse. Jetzt hebt er sie auch noch aus den provisorisch reparierten Angeln. Faust in den Mund stopfen, nicht schreien! Cool bleiben, nicht aufregen. Mr. Wichtig beendet seine Suchaktion, kommt wieder hinter den Schalter, winkt uns genervt zu sich und stellt noch einmal alle Fragen von vorne. Mittlerweile ist ER fast den Tränen nahe aufgrund unserer, für ihn wohl offensichtlichen, Unverfrorenheit. Mit zitternder Stimme fragt er uns erneut: „But why didn't you apply for a visa?“ Oh Boy, das ist doch kein lösungsorientiertes Arbeiten. Wir haben halt keines, konnte doch keiner ahnen, dass aus der Sache solch ein Staatsakt gemacht wird. Er verschwindet erneut, diesmal in einen Glaskasten am Ende des Raums. Kurz danach kommt er wieder, informiert uns, dass er seinen Supervisor zu Rate gezogen hat und wir nun neue grüne Zettel ausfüllen dürfen (natürlich nicht, ohne uns nochmals darauf hinzuweisen, dass er bzw. die Vereinigten Staaten zu dieser wohltätigen Geste keineswegs verpflichtet seien). Hallelujah! Warum nicht gleich so? Wir füllen das Formular aus, bekommen einen neuen Zettel in den Pass, zahlen zweimal sechs Dollar für diesen unglaublich liebenswürdigen und schnellen Service, verabschieden uns, gehen zu unserem Auto, richten die Dachbox, fahren los. Zornestränen laufen mir über die Wangen und üble Schimpfworte verlassen meinen Mund. Dennoch: Wir haben es geschafft! Wir dürfen erneut 90 Tage im „gelobten Land“

bleiben. Welcome to the USA, kann ich da nur wiedermal sagen! Der Zorn legt sich langsam und wir fahren weiter Richtung Seattle.

Lauschiges Plätzchen

Hier beziehen wir zur Abwechslung mal wieder eine AirBnB-Unterkunft, und zwar im hippen Stadtteil Capitol Hill. Unser Navi weist uns zuverlässig den Weg und froh, endlich angekommen zu sein, entsteigen wir dem Auto. Wir haben ein Zimmer in einer WG gebucht, vorab wurde ausgemacht, dass der Schlüssel in einer kleinen Box an der Tür vorzufinden ist, die wiederum mit einem Code geöffnet wird. Ich gebe also den Code ein, öffne die Box und, siehe da – es ist kein Schlüssel drin. Eine Klingel gibt es nicht, auf unser Klopfen und Rufen reagiert niemand. Na toll, auch das noch. Auf meinen Nerven tanzen kleine quietschende Sägen Cha-Cha-Cha. Daniel behält aber einen kühlen Kopf und ruft unseren Gastgeber Chris an, der verspricht, sofort seinen Mitbewohner vorbei zu schicken. Tatsächlich dauert es auch nur etwa zwei Minuten, bis uns ein hipper Twen mit Vollbart ins Haus lässt. Er ist sehr freundlich, zeigt uns kurz Zimmer und Bad und verschwindet dann auch schon wieder, nicht ohne uns noch vorher einen Schlüssel zu übergeben. Die Unterkunft, oder besser gesagt, das Zimmer, gefällt uns sehr gut und es liegt auch eine Mappe mit zahlreichen Ausgehtipps parat, genau das Richtige für uns. Wir probieren umgehend einen Vietnamesen um die Ecke aus, in dem das Essen vorzüglich ist und die Mitarbeiter äußerst trendy und lässig sind. Und scheinbar ganz wichtig für alle Männer in der Stadt: Vollbart. Unser Stadtviertel gefällt uns sehr: viel Gastronomie, viele Einfamilienhäuser, viele Bäume, viele Hunde, teilweise schon Halloween-Dekorationen, viele junge Menschen. Schön, schön, schön. Am nächsten Tag starten wir zu einer Stadterkundung und haben die wildromantische Vorstellung, am Pike Place Market an der Waterfront Leckereien zum Frühstück zu schnabulieren. Wir kämpfen uns durch den Nieselregen – willkommen in Seattle – zur Markthalle und merken,

Space Needle

Elefantendusche – als würde es in Seattle nicht schon genug regnen

dass wir einer Touristenfalle aufgesessen sind. Oder wir haben einfach schon zu viele tolle „outstanding markets“ in Nordamerika besucht? Am Fischstand werfen die Angestellten unter wildem Geschrei für Touristen Fische hin und her. Kennt man schon und mir ist auch noch zu früh für Fisch. Der Markt hat mehrere Stockwerke, aber irgendwie spricht uns nichts so richtig an, das haben wir uns anders vorgestellt. Da muss erst mal, wie es sich in der Geburtsstadt von Starbucks gehört, ein Heißgetränk her. Vielleicht liegt es auch am Wetter, aber Downtown Seattle vermag uns nicht so richtig vom Hocker zu reißen. Wir schlendern noch weiter durch die Straßen, an der Space Needle vorbei, und folgen am Abend einer weiteren Essensempfehlung unseres Gastgebers. Das Essen ist zum wiederholten Male herausragend lecker, und auch wenn uns das Innenstadtbild keine Begeisterungsrufe entlockt, die Atmosphäre in der Stadt und das gastronomische Angebot wissen wir umso mehr zu schätzen. Letztendlich reicht auch ein Tag nicht aus, um alle Ecken zu entdecken und so wollen wir nicht vorschnell urteilen. Am nächsten Morgen fliegen wir bereits um 6 Uhr Richtung Osten, daher übernachten wir heute in der Nähe des Flughafens und können auf dem Parkplatz unseres Hotels auch das Auto sehr günstig für die nächsten vier Wochen abstellen. So weit, so gut, läuft aber nicht alles so geschmiert, wie wir das gerne hätten. Bei unserer Ankunft ist die Lobby nicht besetzt und sieht aus wie ein Saustall. Das Hotel gehörte früher zur Kette A, jetzt zur Kette B, im Zuge dieses Wandels ist wohl einiges auf der Strecke geblieben. Nach ewiger Wartezeit erscheint, alarmiert durch die Putzfrau, ein unmotivierter Mensch und checkt uns ein. Das Zimmer ist okay, die Nacht aber sehr kurz, denn um Viertel nach drei klingelt schon unser Wecker und der Flughafen-Shuttle holt uns in einer halben Stunde ab. Zum Auschecken ist die Rezeption natürlich wieder unbesetzt und auf unser Rufen hin schlurft ein Mann mit halb geschlossenen Augen hinter den Tresen. Auf ein freundliches „Good Morning“ unsererseits erhalten wir keine Antwort und auch sonst erledigt er den weiteren Prozess gähnend-schweigend. Auf unsere Frage nach dem Shuttle öffnet er den Mund und es kommen tatsächlich Laute heraus. Wir verstehen ihn nur leider ganz schlecht, da er mit starkem asiatischen Akzent spricht. Schon kommt aber auch ein Taxi angefahren und fragt, ob wir Michael wären und einen Shuttle zum Flughafen gebucht hätten. Stimmt ja halb, da wollen wir nicht päpstlicher als Franziskus sein und steigen ein, auch wenn wir nicht Michael heißen. Auf einmal gerät der Rezeptionsmensch in Wallungen und wedelt hektisch mit irgendetwas herum. Der Fahrer geht rein und erhält wohl einen Voucher oder so was. Als er zurückkommt, tippt er auf seinem Handy-Navi herum und murmelt was von „shortest way“. Ich bin etwas beunruhigt, dass er für den nur fünf Kilometer langen Weg zum Flughafen, für den eigentlich nur ein Highway in Frage kommt, ein Navi benötigt. Vielleicht sollte ich aber eher beunruhigt darüber sein, dass er sein Handy während der Fahrt in der Hand behält und wie ein Besessener über die Schnellstraße heizt? Zum Glück kommen wir heil an und der Fahrer verlangt nun einen Voucher. Ja, sind die denn alle von Sinnen hier? Ich erkläre ihm, dass er diesen doch schon von dem müden Mann an der Rezeption bekommen hat. Da fällt es ihm wieder ein, ist ja auch schon acht Minuten her. Erleichtert sammeln wir unser Hab und Gut zusammen und flüchten in das Flughafengebäude.

Im feinen Zwirn

Wir fliegen heute nach New York. Es steht mal wieder eine Familienhochzeit an. Dieses Mal heiratet Carolyn, sie ist die Schwester vom Bräutigam der letzten Hochzeit im Sommer in Boston. Wir freuen uns zwar unsere erweiterte Familie wieder zu sehen, richtig euphorisiert sind wir aufgrund der Reiserei aber nicht. Gerade die letzte Nacht in Seattle war wieder sehr anstrengend und so würden wir jetzt viel lieber sofort nach Florida fliegen, wo wir dann auf meine Eltern und meine Schwester treffen. Den Hochzeitsprogrammpunkt wollen wir einfach nur schnell abhaken, ist dieser doch auch schon wieder mit einem weiteren fremden Bett verbunden. Die Trauung findet eineinhalb Stunden nördlich von New York City, in der Kleinstadt Beacon, also Upstate New York, statt. Auf dem Weg vom Flughafen nach Beacon mit dem Mietwagen erhaschen wir einen kurzen Blick auf die Skyline mit dem neuen World Trade Center. Die Stadt selbst lassen wir dieses Mal aber aus. Wir hatten zwar erst einen Abstecher geplant (wo wir schon mal hier sind), uns dann aber letztendlich dagegen entschieden. Wir waren schon zweimal gemeinsam dort und man kann eben in diesem Jahr auch nicht alles machen und sehen, das haben wir mittlerweile definitiv gelernt.

Die Fahrt auf den US-Highways mit ihren virtuosen Autofahrern ist dagegen immer wieder eine spannende Erfahrung. Wir entgehen um Haaresbreite einer Massenkarambolage, als vor uns zwei Autos seitlich ineinander fahren. Da die Fahrer aber recht schnell reagieren, oder vielleicht nur total ausgebufft sind in dieser Hinsicht, fangen sie ihre jeweiligen Autos irgendwie ab und jeder schafft es zurück in seine Spur. Sie fahren dann friedlich hintereinander auf den Seitenstreifen und beim Aussteigen stolpert der eine Spezialist über seinen Sitzgurt und fällt beinahe vor uns auf die Straße. Das hätte ja noch gefehlt. Um mindestens ein graues Haar reicher, erreichen wir das kleine Städtchen Beacon. Es ist sehr beschaulich und schon verdächtig herbstlich mit rotem Laub und kreativer Halloween-Dekoration. Traditionell, wie wir nun einmal sind, haben wir ein Zimmer über AirBnB gebucht. Unsere Gastgeberin für die nächsten zwei Nächte heißt Jinny und hat eine schnuckelige Drei-Zimmer-Wohnung mitten im Ort. Viel halten wir uns dort aber gar nicht auf, denn wir sind ja hier, um einer Hochzeit beizuwohnen. Wie es wohl amerikanischer Standard ist, wird am Vorabend erneut zu Cocktails geladen. Vorher stärken wir uns noch zu zweit in einem prall gefüllten mexikanischen Restaurant und dürfen mit den anwesenden Mariachis nur halb freiwillig eine kleine Jamsession zum bislang verkannten Latinoevergreen „Pretty Woman" abhalten. Daniel bekommt Holzrasseln in die Hand gedrückt, mir wird der Schellenkranz überlassen. Ein musikalischer Hochgenuss, wie man sich vorstellen kann.

Die billigen Plätze

Beim späteren Cocktailempfang gibt es, wie zu erwarten, ein großes Hallo. Unsere Verwandten aus Kanada und USA finden es natürlich „absolutely awesome", dass wir wieder mit von der Partie sind. Da wir mittlerweile Oktober haben, ist unter den versammelten Amerikanern unsere Expertise zum Münchner Oktoberfest extrem gefragt. Wir geben unser pralles Fachwissen preis und Cousin Rob berichtet uns noch mal, wie toll seine Trauzeugen es fanden, dass wir bei seiner Hochzeitsfeier „Livin' on a prayer" von Bon Jovi mitgegrölt haben. Freut uns sehr, dass wir den kulturellen Austausch so umfassend bereichern konnten!

Am späten Nachmittag des Folgetages geht es aufgehübscht zur Feierlocation, einem Hotel im Industriestyle, also sehr modern und eher nüchtern. Im Gegensatz dazu steht die romantische Lage an den kleinen Beacon Falls. Zur Begrüßung erhalten wir einen Pott Limonade oder wahlweise, aufgrund der eher herbstlichen Temperaturen, auch einen heißen Cider. Die Trauung findet draußen statt und es könnte alles so märchenhaft sein, wenn es nicht nach zwei Minuten anfangen würde zu regnen. Die Braut macht trockene Miene zu nassem Spiel und versteckt sich zunächst unter einem monströsen Schirm. Als der Regen etwas stärker wird, ziehen wir jedoch nach drinnen, wo die Trauung in der Eingangshalle weiter vollzogen wird. Dort ist man nicht so richtig auf einen möglichen Wetterumschwung vorbereitet. Schnell werden für die älteren Gäste Stühle bereit gerückt, wir dagegen werden immer weiter nach hinten gedrängt und ich mache aus der Not eine Tugend und steige kurzentschlossen auf einen Stuhl, um etwas zu sehen.

Das Brautpaar hat bereits vor zwei Tagen im Rathaus von New York geheiratet, die Trauung heute ist eigentlich nur noch Show, denn der Zeremonienmeister ist Daniels Onkel Robert aus Toronto. Das Brautpaar hat sich eine Quäker-inspirierte Zeremonie gewünscht, bei der Freunde und Verwandte nach vorne treten dürfen, um eine Anekdote zu erzählen, die sie mit dem Brautpaar verbindet. Eigentlich ein schöner Gedanke und so können wir gleich noch ein paar weitere Gäste kennenlernen. Inmitten all dieser Romantik und Rührung sorge ich im hinteren Bereich des Raumes jedoch kurz für Aufregung, als eine Frau mir zuflüstert, dass gerade eine Wespe mein Bein hochkrabbelt. Eine Wespe? Im Oktober? Ich informiere Daniel, dass er mir bitte umgehend und möglichst unauffällig nach draußen folgen möchte. Wir eilen einmal um die Ecke vor den Lieferanteneingang und geben sicher ein interessantes Bild ab, als ich mich bücke und meinen Rock hochziehe, damit er mich auf Wespenspuren absuchen kann. Und das im prüden Amerika. Er ist glücklicherweise nicht erfolgreich und der Koch, der kurz aus der Tür schaut und wahrscheinlich einfach nur ein Kippchen rauchen möchte, zieht sich verstört zurück. Wir schleichen wieder zur Trauung, die jedoch bereits in ihren letzten Zügen liegt und sich dem Sektempfang mit

Do you speak Polonaise?

großen Schritten nähert. Die anschließende Feier ist rund und nett und wir geben auch wieder die begehrte Bon-Jovi-Einlage.

Um 23 Uhr gehen die Lichter an, diesbezüglich sind wir ja schon durch die Hochzeit im Sommer sensibilisiert, und, wie schon im August, ziehen wir nun weiter an die Hotelbar zur Afterparty, wo wir uns jedoch nach eineinhalb Stunden verabschieden, bevor Daniel die ganze Hochzeitsgesellschaft nach Deutschland einlädt. Ich kann gerade noch Schlimmeres verhindern und verfrachte meine bessere Hälfte auf seine Seite des Betts, wo er mich umgehend mit einem Schnarchkonzert verwöhnt. Liebe ist ... Am nächsten Morgen sind wir etwas platt, freuen uns aber riesig auf unseren bevorstehenden „Floridaurlaub“, nicht ohne festzustellen, dass das Wochenende ja doch sehr schön war und wir froh sind, dass wir diesen kleinen Zwischenstopp auf uns genommen haben. Aus dem Flugzeug heraus winken wir der Freiheitsstatue und sehen freudig aufgeregt dem Wiedertreffen mit meiner Familie im Sunshine State entgegen.

Auf dem Christmas Market in Vancouver

Advent, Advent, der Weihnachtsmarkt brennt

(Desirée)

Advent, Advent, der Weihnachtsmarkt brennt

Mehr als drei Wochen haben wir uns nun in der Sonne Floridas geaalt, ein derartiger Müßiggang ist selbst uns ein bisschen too much und so beginnt nun wieder der Ernst des Travellerlebens, der uns vom Südosten in den Nordwesten des amerikanischen Kontinents katapultiert. Wir fliegen von Orlando nach Seattle und stoppen zwischendurch in Detroit, wo die Umsteigezeit mit 35 Minuten nur sehr knapp bemessen ist. Dies bereitet mir im Vorhinein zwar, wie immer, ein paar Bauchschmerzen, aber eigentlich nehme ich es doch ganz schön locker kanadisch, wird schon klappen. Urdeutsch planen wir, beim Umstieg keinerlei Zeit zu verlieren und effizient vorzugehen. Der Flug von Orlando nach Detroit ist nicht viel mehr als ein Katzensprung und verläuft ganz sanft, etwas stutzig macht uns nur das Pärchen mit Kleinkind neben uns, die Mutter der Reisekombo chillt nämlich auch während des Landeanflugs mit dem Kleinen ganz kuschelig horizontal in der Dreierreihe. Sobald die Maschine am Gate andockt und die Reihen vor uns den Flieger verlassen, gehen wir in leichten Trab über, da der Weiterflug ungünstigerweise vom anderen Ende des Terminals abgeht. Aus leichtem Trab wird moderater Galopp und natürlich schaffen wir es noch „in time“ und können problemlos boarden, auch wenn wir pumpen müssen wie die Maikäfer. Wir sitzen bereits zehn Minuten und so langsam müssten eigentlich mal die Türen schließen, da sehen wir wie die entspannte Familie vom letzten Flug locker flockig mit Kind, Kegel und Starbucksbechern den Gang entlang schlurft. Uns wird also wieder einmal eine „hang loose“-Lektion erteilt, auch wenn einem das mit dem Lockerbleiben nicht immer so leicht fällt, wie sich im Tagesverlauf noch zeigen wird. Der Flug von Detroit nach Seattle verläuft aber auch wieder reibungslos. Das Gröbste ist nun also, so denken wir, geschafft und jetzt heißt es nur noch Koffer schnappen, Auto abholen und weiter. Leider hakt es dann aber schon beim ersten Schritt. Das Gepäckband dreht seine Runden, entledigt sich bald all seiner Last und wird abgestellt. Unsere Koffer hat es nicht gebracht. Mist, müssen wir wohl beim Airlineschalter reklamieren. Nun wäre es der Sache sehr zuträglich, Daniel hätte seinen Gepäckschein aufbewahrt. Ist aber leider nicht der Fall, denn wie hätte man(n) auch ahnen können, dass dieses Ding wirklich mal benötigt wird. Ich bin so gar nicht amused. Die Frau am Schalter sieht das aber ganz locker und findet unser Gepäck auch ohne das Scheinchen. Dass es allerdings vorerst in Detroit geblieben ist, scheint für sie das Normalste der Welt zu sein. Mit dem nächsten Flieger sollte es zwar klappen, ausliefern können sie das Gepäck bis nach Arlington, wo wir heute übernachten, aber nicht, wir sollen doch einfach ab 19.30 Uhr nochmal vorbeischauen. Wenn es weiter nichts ist … Wir machen aus der Not eine Tugend, müssen ja ohnehin unser Auto holen, und unsere Reiseroute Richtung Norden führt dann glücklicherweise wieder am Airport vorbei. Nun folgt der nächste Stolperstein: Die Visitenkarte unseres Shuttleservice (Teil unseres Park-Sleep-Fly-Pakets) weist uns an, telefonisch das Shuttle zu ordern und dann draußen vor dem Abflugbereich zu warten. Auch die unmotivierte Dame am Telefon lässt uns in diesem Glauben. In zehn Minuten sei der Fahrer da, informiert sie uns. Nach einer knappen Stunde und dem mittlerweile dritten Reklamationsanruf stellt sich dann jedoch heraus, dass die Abholung im Ankunftsbereich erfolgt, was ja eigentlich auch viel mehr Sinn macht, aber wer fragt schon danach? Haben also wohl schon geschätzt 27 Fahrer umsonst auf uns gewartet, während wir eine Fahrspur oberhalb standen wie die Eisheiligen, der Temperaturunterschied Florida – Washington State beträgt läppische 25 Grad. Wir eilen zum korrekten Pick-up-Point und glücklicherweise stellt sich der Taxifahrer als fahrtauglich, ortskundig und englischsprachig heraus, so dass wir es endlich zum Parkplatz unseres guten, alten Reisebegleiters schaffen. Unsere treue Seele von Automobil erweist sich erneut als verlässliche Konstante unseres so unsteten Daseins und schnurrt nach vier Wochen Stillstand wie ein Kätzchen. Da wir bis zur Gepäckankunft noch ein wenig Zeit haben, schippern wir zur nächst besten Fastfoodbude (wie immer verlaufen Ernährungsbewusstsein und Erschöpfung genau entgegengesetzt), anschließend zum Flughafen, liebkosen unsere Koffer und weiter geht es in ein Hotel in Arlington, eine Stunde nördlich von Seattle. Ursprünglich hatten wir den Plan, gleich weiter nach Vancouver zu düsen, aber für den Check-in in der von uns gebuchten Wohnung wäre es nun zu spät, daher reizen wir unsere mühevoll errungene Aufenthaltsgenehmigung in den USA noch ein wenig aus. Am nächsten Morgen kaufen wir auf Empfehlung von Nimpo-Lake-Rollie bei Discount Tire noch zwei neue Hinterschlappen für unser Auto. Uns reicht es jetzt mit der Reiserei auch schon wieder und so sind wir froh, am frühen Nachmittag in Vancouver einlaufen zu können, unserem Zuhause bis Jahresende. Die Einreise nach Kanada verläuft ganz geschmeidig, wir vergessen zwar zuerst unseren Reifenkauf anzugeben, dem aufmerksamen Grenzbeamten entgeht dies allerdings nicht. Ist aber kein Problem, und als wir ihm von unserer Beschäftigung auf dem Weihnachtsmarkt erzählen, wird unser Verhältnis fast schon freundschaftlich. Kanada (und vor allem seine Grenzbeamten) ist uns einfach viel lieber als der südliche Nachbar!

Herbst in Vancouver

In Vancouver haben wir uns erneut per AirBnB, sehr gediegen, mitten in der Stadt im hippen Yaletown, eingemietet. Das kommt uns zwar nicht günstig, unter Abwägung von Pro und Kontra finden wir aber, dass es die beste Lösung ist. Außerdem halten wir ja schon bald die ersten Gehaltsschecks in den Händen. Wir residieren, ganz nordamerikanisch-urban, in einem Appartementhochhaus mit Zugangscode, Pförtner, Pool und Fitnessraum, haben eine klitzekleine, aber recht feine Wohnung und das Auto passt mit seiner Dachbox auch gerade so in die Tiefgarage.

Die vor uns liegende Adventszeit werden wir, wie nun schon mehrfach erwähnt, mit Arbeiten verbringen. Das erste Mal in Kanada so richtig in Vollzeit und fest angestellt, gegen Geld. Und zwar auf dem Vancouver Christmas Market – ein Weihnachtsmarkt nach deutschem Vorbild.

Glühwein, Feuerzangenbowle, Bratwurst, Stollen, Kartoffelpuffer, Brezel, Haxe – all das und noch viel mehr gibt es hier und wir sind ein Teil davon. Eigentlich war es ja unser Traum gewesen, den Winter über im luxuriösen Fairmont Hotel in Banff als „Christmas Tree Decorator“ zu arbeiten. Diese Jobbezeichnung gibt es wirklich und bereits im Sommer hatten wir uns für die Stelle beworben, leider aber umgehend die Absage erhalten. Der Vancouver Christmas Market klang jedoch nicht minder ansprechend und so hatte ich einfach eine Initiativbewerbung für uns beide losgeschickt, auf die dann die Einladung zu einem Skypeinterview für jeden Einzelnen von uns folgte. Kurz darauf hatten wir auch schon unsere Arbeitsverträge im E-Mail-Postfach. Daniel schenkt Glühwein aus, ich werde mich um den Verkauf von „Plauener Spitze“ kümmern. In der Woche vor der Markteröffnung geht es zum Aufbau. Zusammen mit meiner neuen Kollegin Jenn aus Great Britain versuche ich nach bestem Wissen und Gewissen den Verkaufsstand einzurichten. Aus Deutschland wurde hierfür vom Hersteller der Spitzenware per E-Mail eine Anleitung geschickt, doch uns wird schnell klar, dass wir ordentlich improvisieren müssen, denn viele der beschriebenen Utensilien sind einfach nicht vorhanden. Auch das Organisationsteam des Marktes kann uns unsere Fragen nur selten und ungern beantworten und so gehen wir nach dem Gutdünken-Prinzip vor. Nach drei Tagen haben wir es geschafft: unser Stand ist

Vancouver Christmas Market

eingerichtet, die Tischdecken sind drapiert, Anhänger, Ornamente und Fensterbilder aufgehängt. Eigentlich sind wir mächtig stolz auf uns und zuversichtlich, dass die Kasse bald klingeln wird. Meine Kollegin werde ich nun jedoch nicht mehr oft bzw. lange wiedersehen, denn zu zweit teilen wir uns die Schichten an unserem Stand, jeweils eine arbeitet einen halben Tag, einen Tag pro Woche haben wir jeweils frei, an dem muss dann die Andere elf Stunden ausharren. Auf meine Frage hin, ob man denn auch mal eine Pause machen könne (frau hat ja eventuell mal ein Geschäft zu verrichten oder Hunger, von einer ausgedehnten Mittagspause spricht ja keiner), wird vom Management lapidar geantwortet „Ja, da müssen wir dann halt sehen, dass dich jemand kurz vertritt“. Wie nett. Natürlich werde ich auf dieses großzügige Angebot nicht mehr zurückkommen, denn wie soll ich jemandem sagen, dass ich mal muss, wenn ich die Hütte nicht verlassen kann und auch nie einer vom Organisationsteam vorbeischaut? Glücklicherweise freunde ich mich aber schnell mit der Italo-Kanadierin Rosanna vom Stand gegenüber an, die ab und zu mal ein Auge auf den bestickten Kram wirft und mit der ich auch in einem permanenten Süßigkeitenaustausch stehe. Völkerverständigung pur, die Blasenentzündung lässt dennoch nicht lange auf sich warten und beschert mir meinen ersten Arztbesuch in Kanada.

Desis Arbeitsplatz

Auf dem Weihnachtsmarkt kommt tatsächlich ein bisschen Heimatgefühl auf. Man zahlt zwar als Besucher stolze sieben Dollar Eintritt und auch das Essen ist horrend teuer (neun Dollar für eine Bratwurst), aber den ganzen Tag dudelt die Weihnachtsmusik aus den Lautsprechern und mehr oder weniger gute Live-Acts tragen ihr Übriges zur musikalischen Untermalung bei. Die Arbeit macht Spaß, ich befinde mich in meinem Flohmarkt-Element und freue mich über jedes Stückchen Tand, das den Weg in die Taschen der Kunden findet. Leider ist Vancouver, insbesondere in den kälteren Monaten, aber auch für seinen Regen bekannt und an den nassen Tagen ist dann mittel bis gar nichts los. Aber es ist ja auch kuschelig, sich das Heizöfchen anzustellen, das mitgebrachte Pausenbrot zu knabbern, in einem Buch zu blättern und dafür noch bezahlt zu werden. Die Bezahlung liegt im Übrigen etwas über dem Mindestlohn in British Columbia, der sich auf 10,25 Dollar beläuft. Reich wird man damit nicht, doch zumindest fließt ein bisschen Cash zurück in unsere Reisekasse, mit der wir in den nächsten Monaten noch einiges vorhaben. Und Urlaubsgeld gibt es auch, das ist doch genau das Richtige für uns!

Bereits nach wenigen Tagen stelle ich ermüdend fest, dass die Leute zu 90 Prozent immer dasselbe fragen, wenn sie an meinem Stand stehen. Ob ich alles selbst gemacht hätte (mit anschließender Enttäuschung, dass die Ware komplett maschinell gefertigt wurde), ob das gehäkelt sei, die Oma von XY hätte so etwas auch immer gemacht usw. ... Überhaupt hat hier irgendwie jeder deutsche Vorfahren oder aber zumindest eine German „Oma". Verrückt, da stellt man sich vor, wie vor Jahrzehnten ganze Schiffe nur mit deutschen, stickenden Frauen hier angelegt haben, die das Land fluteten, um Kinder auf kanadischen Boden zu setzen, deren Kinder sich dann wiederum zig Jahre später auf dem Vancouver Christmas Market treffen, nur um festzustellen, dass alle ihre Omas früher das Gleiche gemacht haben. Was unsere Enkelkinder in 60 Jahren wohl über uns erzählen?

Am Ende einer jeden Schicht werden die Tageseinnahmen im provisorisch in einer ehemaligen Großküche untergebrachten Orgabüro abgeladen. Dort findet der sogenannte „Cash Out" statt. Ganz professionell wird von den Buchhaltern der Kassenbestand auf kleinen Papierzetteln (so wurde damals bei meiner Oma auch Buch geführt ...) festgehalten, Rechenoperationen erfolgen mit dem Kalkulator des jeweils eigenen Smartphones. Natürlich kommt es hier nach einem langen Arbeitstag immer mal wieder zu Flüchtigkeitsfehlern und man sieht sich aufgrund einer vermeintlichen Kassendifferenz von 25 Dollar vor ein streng blickendes Tribunal gestellt, bis man dem „Accounting Team" erklärt, dass mal wieder eine Münzrolle nicht mitgezählt wurde.

Der Weihnachtsmarkt lebt aber nicht nur vom Management oder den Kunden mit ihren Omas, nein, er lebt natürlich auch durch und mit den anderen Ausstellern, hier „Vendors" genannt. Gleich am Anfang mache ich die Bekanntschaft des „Woodman", der neben Rosannas Olivenölstand Quartier bezieht. Der Woodman, der sich selbst so nennt, verkauft Holzhandwerk aus Eigenproduktion, heißt eigentlich Manfred, ist gebürtiger Hamburger, nun aber ein Urgestein des Vancouver Christmas Market. Jeder kennt ihn und jeder mag ihn auf seine eigene Art und Weise. Der Woodman macht sich bemerkbar, wenn ihm etwas nicht passt. Kaum ist er zwei Minuten auf dem Weihnachtsmarktgelände, da bestellt er schon jemanden an seinen Stand, der gefälligst den wackligen Tresen reparieren soll. Da er aber der Woodman ist, kennt sich selbstverständlich keiner besser mit dem Material aus als er und so wird seinem Verlangen nur mangelhaft Rechnung getragen, worüber er sich gleich wieder beschwert. Manfred ist ein treuer Kunde aller gastronomischen Anbieter, insbesondere der Glühweinstand wird mehrmals am Tag von ihm frequentiert – er muss ja schließlich einen Qualitätscheck durchführen, wie er selbst so gerne sagt. Außerdem erstellt er seine eigenen Regeln bzw. verstößt einfach gegen existierende und raucht trotz strikten Verbots genüsslich das ein oder andere Kippchen in seiner Holzbrettbude. Aber keiner traut sich was zu sagen, er ist doch der Woodman, der einem, sobald er einen ins Herz geschlossen hat, sein letztes Hemd vermachen würde. Ich werde am Ende der Weihnachtsmarktzeit mit einem von ihm selbst geschnitzten Kugelschreiber aus Ahorn beschenkt, welch schönes Andenken an diese aufregende, aber auch anstrengende Zeit.

So vergeht ein Weihnachtsmarkttag nach dem anderen mit den immer gleichen Fragen, aber auch netten Begegnungen und Gesprächen. Eine Erfahrung, die auch Daniel am Glühweinstand macht. Mein lieber Mann musste bereits in Florida schwitzen und das nicht nur aufgrund der Temperaturen. Für seine Tätigkeit am Glühweinstand und somit für das Ausschenken von alkoholhaltigen Getränken, ist nach den Gesetzen British Columbias der Nachweis eines „Serving-it-Right–Certificates“ Pflicht. Der Wisch kann per Online-Schulung erlangt werden. Diese lehrt einem umfassend Alles rund um das Kernthema „Gib keinem ‚offensichtlich‘ alkoholisierten Menschen noch mehr Alkohol und ist dieser sogar schon richtig Hacke, verweise ihn deiner Location und stelle zudem sicher, dass er heil nach Hause kommt.“ Ansonsten hat man als Gastronom ein rechtliches Problem und haftet für alle entstehenden Folgeschäden mindestens mit. Geschlagene zwei Stunden saß Daniel vor dem Bildschirm und durfte zum Dank für das neuerworbene Fachwissen gleich nochmals 35 Dollar an die Provinz British Columbia überweisen. Er ist nun also „ready for the market“. Sein erster Kontakt mit den Kollegen findet, ähnlich wie bei mir, wenige Tage vor Markteröffnung statt. An einem Montagabend ist für das „Mulled Wine“-Team eine zweistündige Trainingssession angesetzt. Zu meiner großen Freude, wie man sich vorstellen kann, besteht Daniels Team, bis auf den sehr jungen russischen Manager Philipp, ausschließlich aus Mädels. Die Schulung verläuft eher improvisiert, die Verkaufshütten sind noch nicht fertig eingerichtet und so gibt es lediglich einen kurzen Abriss des Kassensystems sowie ein halbherzig initiiertes Rollenspiel mit angetrunkenem Gast, welches aus allgemeiner Peinlichkeit im Sande verläuft. Die Mädels aus dem Team teilen sich halb in englischsprachige, halb in deutschsprachige Herkunft auf und die Chemie im Kollegenkreis ist von Anfang an super. Auch Philipp wirkt während der Tage des Aufbaus noch recht souverän, gerät im weiteren Marktverlauf aber zusehends ins Schlingern, er ist mit seinen jungen Jahren einfach noch nicht reif genug, um dem Druck und der Verantwortung als Führungskraft Stand zu halten.

Das Angebot am Glühweinstand umfasst heißen Apfelsaft sowie die drei Glühweine „Traditional“, „Apple“ und „Cherry“. Die Produktpalette ist somit recht übersichtlich, birgt aber zwei, für den durchschnittlichen asiatisch-kanadischen Endkunden, sehr fiese Tücken. Die erste – welche Sorte verbirgt sich hinter „Traditional" – ist noch recht schnell erklärt und kann spätestens nach dem 175.000sten Male überzeugend flüssig vorgetragen werden: „It's hot red wine, spiced up with mainly cinammon and cloves and, unfortunately (Augenzwinkern), a lot of sugar." Nach Belieben darf dann noch erklärt werden, dass man ihn des Alkohols wegen nicht kocht, man auch gerne weitere Gewürze ergänzen kann und – ganz wichtig – dies das Original ist, der „real stuff", was „ze Germans" halt so trinken im Winter. Der zweite Punkt ist fieser: Nach guter deutscher Sitte wird Tassenpfand erhoben, im Englischen als „Mug Deposit" bezeichnet. Das ist einfach zu viel für die Kundschaft. Schon nach wenigen Tagen kann man während des Bezahlvorgangs an den Blicken der Leute ablesen, dass sie nicht mehr mitkommen. Wieso zehn Dollar? Der Wein kostet doch „nur" sechs?! Einen kleinen Teil kann man schnell damit beruhigen, dass die zusätzlichen vier Dollar das Mug Deposit darstellen, der Großteil gibt sich damit aber nicht zufrieden und es bedarf einer ausführlichen Erklärung. Sollen, können, müssen oder dürfen sie den Becher wieder zurückgeben? Und können sie ihn auch einfach behalten? Aber was würde das denn dann kosten? Zu aller Kundschaft Überdruss ist dann der „Mug Return", also der Ort, an dem man das Pfand einlösen kann, auch noch an einer separaten Station. Oh Boy, hier ist viel Geduld und Empathie vonnöten, und so manche Kollegin Daniels reagiert im Verlaufe des Marktes zunehmend allergisch auf das Pfandsystem. Daniel nimmt es aber, wie gewohnt, ganz entspannt, spätestens als er die ganze Systematik zwei japanischen Omis ohne jegliche Englischkenntnisse näher gebracht hat.

Daniels Arbeitsplatz

Für unsere Schichtpläne gibt es, quasi Weihnachtsmarkt 2.0, eine App. Eine super Sache, so hat jeder schnell und flexibel Zugriff auf seine Einsatzdaten und die der Kollegen, ohne große Bürokratie. Leider schafft es der Glühweinmanager Philipp trotzdem nicht, die Schichten seiner Leute halbwegs gleichmäßig zu verteilen, so dass es schon nach den ersten beiden Wochen eine große Stundendifferenz zwischen den Kollegen gibt, was natürlich ziemlich auf die Stimmung drückt. Da das Team ohnehin etwas „overstaffed“ ist und somit jeder nur auf etwas über dreißig Wochenstunden statt der vertraglich vereinbarten vierzig kommt, ein umso heikleres Thema. Schließlich handelt es sich hier überwiegend um arme Work & Traveller. Eine Kollegin kündigt dann jedoch frühzeitig und so regelt sich dieses Problem von selbst und es darf ab diesem Zeitpunkt ordentlich geschuftet werden.

Einer weiteren Herausforderung sieht sich das Glühweinteam angesichts der Arbeitsmittel und -umgebung ausgesetzt. Insbesondere die große Hütte (es gibt insgesamt zwei) ist abenteuerlich verbaut und verkabelt und würde keiner deutschen TÜV-Prüfung standhalten. Die Weinkocher sind durch mehrjährigen Dauergebrauch längst über den Zenit. So kommt es öfter mal zu kurzen Strom-, und damit auch Kassenausfällen, hin und wieder reißt ein Zapfhahn ab und die Hütte sowie die Mitarbeiter werden mit Glühwein geflutet. Als dramaturgischer Höhepunkt bricht eines Abends ein kompletter Innentresen mitsamt Weinkocher in sich zusammen. Dass all dies ohne größere Verletzungen vonstattengeht, ist wohl das Glück der Tüchtigen. Daniel selbst erlebt seinen größten Schock an einem Sonntagmorgen um sechs Uhr, als er schweißgebadet aus dem Schlaf aufschreckt. Gestern Abend war wieder viel los, Wochenende halt, und er ist sich jetzt nicht mehr sicher, ob er den elektrischen Tassenwärmer auch wirklich beim Schließen der Hütte ausgeschaltet hat. Am Ende ist das komplette Weihnachtsmarktareal schon den Flammen zum Opfer gefallen? Andererseits, wir wohnen nur zwei Blöcke entfernt, eine große nächtliche Feuerwehraktion hätten wir doch sicherlich mitbekommen, oder? Daniel wälzt sich hin und her und ich rate ihm verschlafen und ungeduldig, dass er nun halt entweder zum Marktgelände gehen muss, um sich zu vergewissern, dass alles in Ordnung ist, oder er aber, verdammt nochmal, die Augen schließen und Ruhe geben soll. Er entscheidet sich für Ersteres und beim Anziehen gebe ich ihm noch die kriminelle Anweisung, dass er, im Fall eines Infernos, auf keinen Fall zugeben soll, dass er etwas damit zu tun hat. Darauf will er sich nicht einlassen und ich sehe ihn schon im kanadischen Knast sitzen. Er trollt sich erst einmal in den strömenden Regen und kann sich nur wenige Minuten später davon überzeugen, dass alles in bester Ordnung und besagter Tassenwärmer doch ausgeschaltet ist. Daniel fallen diverse Steine vom Herzen, mir natürlich auch. Welch ein Glück, dass schon um halb sieben Uhr morgens die Security vor Ort ist und einen aufs Gelände lassen kann. Gut auch, dass eben jener Security Mitarbeiter gar nicht wissen wollte, was Daniel zu dieser nachtschlafenden Zeit dort wollte … Kanada halt!

Wie man es aus der Gastronomie kennt, ist Daniels Job, auch ohne selbst verschuldete Aufreger, ziemlich harte körperliche Arbeit, bietet aber im Gegensatz zu meinem auch einen großen Vorzug – das Trinkgeld. Unsere Reisekasse erfährt somit manch willkommenes Upgrade. Ein weiterer positiver Aspekt des Glühweinjobs ist, dass man über ein wertvolles Tauschgut mit den anderen Ausstellern verfügt. Angesichts der astronomischen Marktpreise ein probates Mittel, um dem Hungertod zu entkommen, ohne sich in die Armut zu stürzen. Auch ich konnte davon nach Schichtende oftmals profitieren und mich durch das Waffel- und Würstchenangebot probieren.

Trotz einiger kleiner Widrigkeiten empfinden wir unsere Zeit auf dem Weihnachtsmarkt als sehr positiv. Die Arbeit macht Spaß, die Kunden sind, im Gegensatz zur deutschen Heimat, trotz maschineller Spitzenproduktion und Mug Deposits tiefenentspannt und immer für einen lustigen Spruch zu haben. Für weihnachtliches Heimweh bleibt uns überhaupt keine Zeit, da die Adventswochen durch das Arbeiten doppelt so schnell vorbeirauschen, wie es daheim sowieso schon immer der Fall ist. Die schönste Erfahrung ist sicherlich, wie schnell man sich über die Arbeit ein soziales Umfeld aufbaut und sich somit nicht mehr wie ein Reisender, sondern auch ein bisschen wie angekommen und als hätte man ein neues Zuhause gefunden, fühlt. Dies beschert uns an Heiligabend auch einen Besuch unserer Lieblingsösterreicherin Mavie (Daniels Glühweinstandkollegin), mit der wir nach getaner Arbeit (der 24. Dezember ist der letzte Markttag) gemütlich zusammen Raclette schlemmen. Das Raclettegerät haben wir uns extra für Weihnachten über das kanadische Amazon bestellt.

Santa und wir

Am ersten Feiertag gönnen wir uns zu zweit einen gediegenen Christmas Day Brunch im vornehmen Fairmont Hotel. Hier erwartet uns nicht nur Santa Claus (das Original, wir sind uns sicher!), mit dem wir zusammen für ein Foto posieren, sondern auch eine nicht zu überschauende und dekadente Buffetlandschaft, an der wir uns selbstverständlich ausgiebig laben. Es streichelt der Seele, sich nach den anstrengenden Wochen auf dem Markt nun auch mal bedienen zu lassen und gemütlich ein gemeinsames Mahl einzunehmen, was aufgrund unserer unterschiedlichen Schichten in letzter Zeit nur selten möglich war. Am Abend des ersten Weihnachtsfeiertages erwarten wir dann eine volle Bude, denn wir haben mehrere Weihnachtsmarktkollegen samt Anhang zu einer internationalen Nacho- und Hot Dog-Party eingeladen. So muss keiner allein sein und wir können endlich mal wieder unserem, in den letzten Monaten reisebedingt vernachlässigten, Hobby, dem Gastgeben, nachkommen.

In den Tagen nach Weihnachten stehen wir schon wieder auf dem Marktgelände, um beim Abbau zu helfen, was mir dann blöderweise noch eine Erkältung einbringt, die ich ins neue Jahr mitschleppen werde.

Viel Zeit für Unternehmungen in und um Vancouver bleibt uns in den beiden Monaten nicht, zur Abwechslung ist eben doch mal deutlich mehr Work als Travel angesagt. Wir spazieren das ein oder andere Mal um die Seawall, probieren uns ein bisschen durch die ansässige Gastro-Szene oder schauen uns die Christmas Lights im Stanley Park an.

Da immer noch viele Punkte auf unserer persönlichen Vancouver Bucket List stehen, haben wir dafür, in weiser Voraussicht, im neuen Jahr noch ein paar Wochen eingeplant. Wir werden also zurückkehren und verabschieden uns vorerst nur auf Zeit von der Stadt, die wir in den letzten Wochen sehr lieb gewonnen haben und die uns ein Zuhause geworden ist.

Waterfront Vancouver

Mackenzie Beach

Reif für die Insel

(Desirée)

Reif für die Insel

Pläne sind dazu da, um sie zu ändern, zumindest in meiner Welt. Eigentlich hatten wir vor, nach Weihnachten für einen guten Monat auf Vancouver Island Freiwilligenarbeit zu leisten. Bereits im Oktober hatten wir, wieder über die Plattform Workaway, Kontakt mit einem Ehepaar aufgenommen, welches für die Dauer seines Kalifornienurlaubs Housesitter gesucht hatte. Zu dem großen Haus gehören eine Handvoll Kühe sowie zwei Hunde, die versorgt und bespaßt werden müssen. Was noch im Oktober wie ein weiteres großes Abenteuer klang, fing mir Anfang Dezember an, Bauchschmerzen zu bereiten. Mir wurde auf einmal bewusst, dass sich nicht nur das Kalenderjahr seinem Ende zuneigt, sondern sich auch unser Reisejahr bereits tief in der zweiten Hälfte befindet. Damit verbunden kam die erschreckende Erkenntnis, dass ich bald wieder täglich hinterm Schreibtisch sitzen muss und dieses einmalige Abenteuer dann vorbei ist. Unter Tränen (das geht bei mir immer sehr schnell) bat ich deshalb Daniel darum, dass wir den Workaway-Einsatz absagen, um stattdessen weiter zu reisen und noch mehr von Kanada zu entdecken. Insbesondere Daniel hatte sich auf die Hunde gefreut, fand auch die Kühe sehr spannend und sah sich darüber hinaus vor allem unseren Gastgebern gegenüber im Wort. So tat es mir nun wahnsinnig leid, dass ich mal wieder kurz auf knapp andere Wünsche hatte, aber ich kann halt nicht aus meiner Haut und habe bezüglich unseres Reisejahres ja auch nicht Unrecht. Nach einigen Diskussionen und einer kurzen Bedenkzeit gelang es mir, Daniel letztendlich zu überzeugen. Wir warfen also die gefassten Pläne über Bord und schockten unsere Gastgeber, halfen ihnen aber selbstverständlich und auch erfolgreich, Ersatz für uns zu finden. Gleichzeitig musste nun natürlich relativ kurzfristig eine alternative Reiseplanung entworfen werden, dies ist aber unsere leichteste Übung und so besteigen wir am Silvestertag die Fähre Richtung Victoria auf Vancouver Island.

Nachdem wir in Vancouver fast schon sesshaft geworden sind, einer vollzeitlichen und bezahlten Arbeit nachgegangen waren und einige nette Menschen kennengelernt hatten, haben wir nun ein flaues Gefühl in der Magengegend, als es wiedermal heißt, alles zusammenzupacken, unsere liebgewonnene Wohnung zu räumen und die Weiterreise anzutreten. Aber wir haben es ja nicht anders gewollt. Es soll auch nicht gejammert werden, wir genießen das alles hier in vollen Zügen, merken aber, dass uns längere Aufenthalte besser gefallen, als alle paar Tage woanders zu sein.

Schon der Weg zur Fähre verläuft nach einem altbekannten Muster. Wir vermissen unser Navi, diskutieren leidenschaftlich mögliche Orte dessen Verbleibs und gehen schließlich davon aus, dass es uns beim letzten Supermarktbesuch in Vancouver geklaut wurde, denn da hatte Daniel vergessen, das Auto abzuschließen. Den Verlust bemerken wir übrigens bei der Ausfahrt aus der Tiefgarage. Abgesehen von der Schuldfrage stellt sich uns jetzt vor allem eine andere: Wie kommen wir zur Fähre? Wir kennen zwar grob die Richtung, aber ob uns das zum Ziel führt? Das Schicksal sendet uns prompt einen Bus der Pacific Coach Line. Diese betreibt unter anderem den Linienverkehr zwischen Vancouver und Victoria. Wir kombinieren also ganz scharf – dieser Bus ist wahrscheinlich auf dem Weg zur Fähre! Wir heften uns also eine Zeit lang an seine Fersen und siehe da, bald schon ist der „Ferry Port“ ausgeschildert.

Unser Lotse

Fast wieder alles gut also, und als wir in der Warteschlange zur Fähre etwas Zeit zum Suchen haben, finden wir auch unser heiß geliebtes Navi wieder. Es hatte sich unter den Fahrersitz verkrochen, vermutlich im Zuge einer unserer äußerst ausgeklügelten Sicherheitsmaßnahmen. Da ich immer noch etwas verkühlt bin, kaufen wir uns an Bord der Fähre dekadent in die Lounge ein, die uns Zugriff auf Heißgetränke und kleine Snacks gewährt. Ich statte mich mit einer heißen Schokolade und einem Keks aus und gehe an Deck, um nach fototauglichen Motiven Ausschau zu halten. Schoki und Keks stelle ich dazu kurz ab, merke aber, wie eine auf der Reling sitzende Möwe gierig meinen Cookie fixiert. Sicher ist sicher, denke ich mir, und nehme die Verpflegung lieber wieder an mich. Verträumt betrachte ich die kleinen Inselchen, die wir umschippern und höre Daniel, der mittlerweile auch herausgekommen ist, auf einmal rufen: „Pass auf! Achtung!“ So schnell kann ich jedoch gar nicht reagieren und als ich mich zu meiner Hand umdrehe, stelle ich fest, dass kein Keks mehr drinsteckt. So ein dreistes Möwenviech! Ein klarer Fall von Mundraub! Haltet den Dieb! Daniel hat natürlich nichts Besseres zu tun, als sich ebenso einen Keks zu holen und nun die Möwen zu ärgern , indem er sie perfide anlockt und dann schnell die Hand wegzieht, sobald sich eine Möwe auf den Keks stürzen will.

Aber auch die unterhaltsamste Fährfahrt findet ein Ende und schnell nähern wir uns Swartz Bay, dem Fährhafen vor den Toren Victorias. Silvester und die ersten Januartage wollen wir hier, in der Hauptstadt British Columbias, verbringen, die so ein bisschen anders ist als die anderen kanadischen Städte. Zum einen ist es der noch immer prägend vorhandene britische Einschlag, welcher sich im großen Teilen Kanadas schon sehr verflüchtigt hat, und zum anderen die besonderen kli-

Der Möwenflüsterer

matischen Bedingungen, die hier herrschen. Noch ausgeprägter als im Großraum Vancouver ist es im Süden Vancouver Islands sehr mild. Nicht selten gehen schon im Januar die ersten Knospen auf und Schneetage sind eine absolute Rarität. Die meisten Menschen würden das sicher als Vorteil auslegen, wir sind mit dem Wetter aber nicht wirklich glücklich. Nachdem es an Silvester noch trocken ist, fängt es an Neujahr nachmittags langsam an zu tröpfeln und regnet sich dann für unseren Aufenthalt mehr oder weniger tagelang ein. Da wir aber eine äußerst gemütliche Unterkunft bewohnen dürfen – ja, natürlich wieder AirBnB – haben wir auch kein Problem damit, uns nachmittags oder abends einfach mal die Decke über den Kopf zu ziehen und der Plattensammlung unserer Gastgeberin zu lauschen. Mit Aufenthalten in Städten ist es in einem Reisejahr ohnehin so eine Sache. Von einer klassischen Städtereise ist man ja gewohnt, dass man sich in kurzer Zeit ein relativ breites Bild von der besuchten Stadt machen möchte. Man plant also im Vorfeld, pickt sich seine Sehenswürdigkeiten heraus, überlegt, wie man wo am besten hinkommt und holt sich platte Füße, indem man versucht, den „Diem“ möglichst gut zu „carpen“. Ist man jedoch ein Jahr lang unterwegs, lässt sich diese Herangehensweise unmöglich aufrechterhalten. Das Gewissen treibt einen stets voran und man muss es wiederholt dahingehend beruhigen, dass es absolut okay ist, wenn man mal einen Vormittag, einen Nachmittag oder mal auch den ganzen Tag einfach nur verbummelt. Man kann nämlich nicht 365 Tage lang Tourist sein, sondern manchmal auch einfach nur Mensch, von der Gattung der Couch Potatoes. Trotzdem lassen wir uns natürlich von ein bisschen Regen keineswegs kleinkriegen und bewegen unsere Revuekörper regelmäßig vor die Türe. An Silvester aber leider zu spät. Nachdem die eigentlich gar nicht so lange Anfahrt aus Vancouver mit Wohnungsübergabe, Fährfahrt, Generaleinkauf usw. sich dann doch bis in den Nachmittag zieht und wir uns erst mal einrichten möchten (wir haben ja schließlich wiedermal den ganzen Hausstand, im, am und auf dem Auto), ist es schon dunkel, bis wir uns endlich Richtung Liquor Store aufmachen, um uns mit einem Sektchen für das neue Jahr zu rüsten. Es ist nun also kurz nach sechs, der Supermarkt hat noch auf und auch im benachbarten Liquorstore brennt Licht. Leider schließt die gute Liquor-Fachverkäuferin aber gerade von innen ab. Mist. Immerhin gibt sie uns noch mit auf den Weg, wo sich die Kollegen befinden, die noch geöffnet haben sollten. Dank unseres treuen Navis finden wir auch fix zu Liquor Store Nummer zwei, stehen aber auch dort leider schon vor verschlossener Tür. Again, Mist. Glücklicherweise fiel uns im Zuge der Einrichtung in unserem neuen Zuhause aber schon das „Empfehlungsheftchen“ unserer Gastgeberin in die Hände, worin neben verschiedenen Restauranttipps auch eine sehr nett klingende Weinbar vermerkt ist, in Laufweite direkt ums Eck. Na, dann feiern wir halt einfach im Ostküstenrhythmus und stoßen etwas verfrüht an. Leider schlägt auch dieser Plan fehl, die Weinbar hat heute zu und da wir in den letzten Monaten schon so viele Sachen zum ersten Mal in unserem Leben ausprobiert haben, wird „Silvester trocken“ unsere neue Herausforderung. Unsere Ersatzdroge heißt Coke Zero – Leben am Limit – und wir kredenzen uns zum seelischen Ausgleich ein Blech überbackener Hackfleischnachos mit der weltbesten Guacamole, so dass wir dann gegen 23 Uhr gesättigt und friedlich in Morpheus‘ Arme sinken und 2015 sanft schlummernd begrüßen. Reisen macht müde!

Das neue Jahr beginnen wir dann, wiederum einer Empfehlung unserer Gastgeberin folgend, mit einem sehr herzhaften Brunch und trainieren uns danach die verspachtelten Riesenbiscuits mit Fried Chicken und Chorizo bei einem Spaziergang durch die gemütliche Innenstadt und die älteste Chinatown Nordamerikas ab. Als wir am ehrwürdigen Fairmont Empress, dem ersten Haus am Platze, vorbeikommen, verspüre ich dann aber doch einen stechenden Sektdurst und würde diesen nun gerne in einem mir gerechten Ambiente einnehmen. Leider ist uns die Atmosphäre im Haus bzw. dem „Tearoom“ dann aber zu bahnhofsartig und wir bleiben weiter nüchtern, unser Budget atmet dabei hörbar auf. Damit diesem jedoch nicht gar zu wohl wird, schaffen wir es abends aber tatsächlich noch, uns ein Fläschchen Weißwein zu besorgen und mit der Creme de Cassis von der Île d‘Orleans aus Québec – eigentlich ein Hochzeitsgeschenk für Cousin Rob, konnten wir damals in der Dachbox aber nicht finden – zaubern wir uns einen fancy Drink.

Die restlichen Tage in Victoria verlaufen recht relaxt. Unter anderem steht der Besuch eines Eishockeyspiels der heimischen „Royals“ auf dem Programm. Eishockey – die kanadische Sportart schlechthin. Wo sonst kann man vor alpiner Kulisse auf zugefrorenen Seen die Kufen schwingen und den Puck elegant über die glatte Oberfläche gleiten lassen, während einem die Nasenhaare gefrieren? Wer während eines Kanadabesuchs in der Saison kein „Hockey Game“ besucht (der Kanadier verzichtet hier der Einfachheit halber auf das „Ice“), der hat elementar etwas verpasst. Schon im Dezember in Vancouver haben wir zwischen unseren Schichten auf dem Weihnachtsmarkt ein Spiel der dort ansässigen „Canucks“ in der höchsten Spielklasse, der NHL, eingeschoben, was uns außerordentlich gut gefallen hat. Das Stadion lag nur wenige Gehminuten von unserer Wohnung und typisch kanadisch hatte ich damals von der Ticketabreißerin einen Canucks-Button geschenkt bekommen, weil ich das erste Mal im Stadion war. Dieser Button schmückt jetzt meinen Rucksack. Bevor so ein Eishockeyspiel losgehen kann, müssen natürlich erst einmal die Heimspieler unter tosendem Applaus vorgestellt sowie die kanadische und amerikanische Hymne (wenn das gegnerische Team aus den Staaten angereist ist, was in der NHL durchaus vorkommen kann) zelebriert werden. Beim hohen C der US-Hymne jubelt (wie immer) das ganze Publikum, im Prinzip fiebert man aber nur auf diesen Moment hin, um schadenfroh auszutesten, ob die zweitklassige High-School-Sängerin es schafft oder daran scheitert. Ein typisches Hockey Game läuft dann, zumindest aus meiner Sicht, wie folgt ab: Alle paar Sekunden wird das Spiel unterbrochen und mindestens einmal pro Drittel, das hier „Period“ genannt wird, kommen quirlige Menschen (saisonal gerne mal mit Nikolausmützen auf dem Kopf) auf die Eisfläche und schaben tanzend das Eis weg. In den Drittelpausen werden lustige Zuschauerspielchen durchgeführt. Die obligatorische Schlägerei wird selbstverständlich auch auf die Bühne, pardon, aufs Eis gebracht und das kann sogar dazu führen, dass eine Plexiglasscheibe in der Kurve bricht und ersetzt werden muss, natürlich unter Anfeuerung und frenetischem Applaus für die Handwerker durch das Publikum. Das Essensangebot ist üppig, ein Hot Dog dabei der Klassiker und im optimalen Fall gewinnt die Heimmannschaft. So in etwa lief es zumindest im Dezember in Vancouver ab. Nun, in Victoria, wohnen wir jedoch einem Hockeyerlebnis der anderen Art bei. Natürlich dauert das Spiel auch hier dreimal 20 Minuten und Sinn ist es ebenso, einen Puck hin und her zu schieben und Tore zu erzielen. Doch spielen die Victoria Royals in der Junioren-Eishockeyliga, also nicht auf der ganz großen

Good Old Hockey Game

Bühne, so wie die Nachbarn in Vancouver. Das Stadion ist etwas kleiner und wir sitzen viel näher dran am Geschehen. Heimatliche Gefühle kommen auf, denn die Ausmaße erinnern an die Frankfurter Eissporthalle, nur das Mettbrötchen fehlt, schade. Die kleinen Mäuse, die sich da unten die Köpfe einschlagen, entstammen den Jahrgängen 95–98, da bekommt man ja prompt mütterliche Gefühle. Das sind doch noch Kinder! Aber das ist den Kiddies egal, da wird drauf gedroschen ohne Rücksicht auf (Zahn-)Verluste. Tragischer Held wird der Hüne Axel Blomqvist, der vom gegnerischen Goalie unsanft und völlig vorsätzlich den Hockeyschläger vors Knie geknallt bekommt. Ein Raunen geht durch die Zuschauerreihen. Doch das kann den Axel nicht erschüttern, von nun an spielt er noch aggressiver, während der böse Gast-Tormann bei jeder Bewegung ausgebuht wird. Macht ihm aber gar nichts, jetzt provoziert er erst recht. Geht es überhaupt noch um Tore und den Puck oder schon viel mehr um psychologische Kriegsführung? Das Buhen gerät zum Orkan, denn nun hält der Teufelskerl auch noch jeden Angriff. Mein kurzzeitig aufgeflammtes Mitleid für das Bürschchen ob des Mobbings reduziert sich somit umgehend. Die Pausen lenken mal wieder mit heiteren Spielen wie der Kiss Cam oder einem Pizza-Gewinnspiel ab. Zusätzlich treibt sich das Maskottchen – der etwas verfremdete Seeotter Marty – in unserem Block herum und gibt kleinen Kindern Autogramme. Wir sind total damit beschäftigt, alle Eindrücke in uns aufzusaugen, als sich auf einmal, völlig ohne Vorwarnung oder vorherigen Kontakt, unser Vordermann abrupt zu uns umdreht und uns ungefragt darüber informiert, dass die Nummer 11 des gegnerischen Teams der Sohn von Rod Stewart ist. Sieh mal einer an, haben wir doch wieder was gelernt! Alles in allem verbringen wir einen bunten und kurzweiligen Abend, der kanadischer nicht sein könnte!

Ein bisschen Sightseeing ist aber auch noch angesagt. Vancouver Island markiert das westliche Ende des Trans-Canada Highway – für uns eine besondere Sache, da wir diesen ja von Ost nach West durchfahren sind. Für uns steht also fest, dass wir bei dem „Mile Zero Marker“ vorbeifahren müssen, um ein Erinnerungsfoto zu schießen und uns natürlich gegenseitig auf die Schulter zu klopfen. Leider deuten wir jedoch unseren sonst so treuen Weggefährten Lonely Planet durch selektives Lesen falsch und fahren nicht zum Endpunkt des Highways, sondern des sogenannten Trans-Canada Trail, einer Wander- und Fahrradstrecke quer durch das Land. Das wäre natürlich auch ein Abenteuer gewesen und wir sind ja gerne zu Fuß unterwegs, aber mit fremden Federn möchten wir uns nicht schmücken. Unser Ausflug an diesem völlig verregneten Tag ist dennoch nicht vergebens, denn das pittoreske Cowichan Valley, in dem sich eben dieser Endpunkt des Trans-Canada Trail befindet, wartet noch mit dem wildromantischen Küstenort Cowichan Bay auf, in dem wir an der Küste entlang promenieren, bis die Füße nass werden. Das heiß ersehnte Foto am Ende des Highways, der sich durch die Weiten Kanadas schlängelt, können wir dann am nächsten Tag ganz kommod

Cathedral Grove

in Victoria nachholen. Ende gut, alles gut. Unseren letzten Tag in Victoria nutzen wir außerdem noch für ein bisschen Kultur und besuchen das renommierte „Royal BC Museum", welches erfreulicherweise in der ersten Woche des Jahres gegen eine kleine Spende statt des regulären Eintritts besucht werden darf und uns mit seinen extrem liebevollen und detailorientierten Ausstellungen voll in seinen Bann zieht. Und dann heißt es auch schon wieder Koffer packen, the journey goes on, unwiderruflich.

Die nächste Etappe führt uns an die Westküste Vancouver Islands, nach Tofino. Die Schönheit dieses Fleckchens Erde lässt sich kaum in Worte fassen. Fünf Tage verbringen wir in dieser absolut magischen Region, die vom letzten gemäßigten Regenwald der nördlichen Hemisphäre mit seinen über tausend Jahre alten Baumgiganten und dem wilden Pazifik geprägt wird, der hier an felsige Küsten donnert oder an schier unendlichen Sandstränden ausläuft.

Mackenzie Beach

Unsere Herberge finden wir knapp vor den Toren des Surfer-Örtchens Tofino, in einem kleinen Resort. Hier erhalten wir zu unserer unbändigen Freude ein Upgrade in eine höhere Zimmerkategorie und haben somit aus unserer Cabin heraus direkten Meerblick. Ursprünglich dachten wir, dem der Jahreszeit entsprechenden „Stormwatching" beiwohnen zu können, das Wetter erweist sich nach den Regentagen in Victoria jedoch nun als überraschend ruhig und wanderfreundlich. Soll uns auch recht sein!

Long Beach

Wild wird es aber dennoch, als uns nämlich gleich nach unserer Ankunft ein Erdbeben der Stärke 4,6 im wahrsten Sinne des Wortes überrumpelt. Ich weiß gar nicht, wie uns geschieht und schaue Daniel vom Sofa aus verstört an, als ein ICE durch unsere Cabin donnert, so laut ist es. Und wie es wackelt. Daniel diagnostiziert entspannt „Erdbeben". Und widmet sich wieder dem Müßiggang. Was macht man noch mal in solch einer Situation? Lange Zeit zum Nachdenken habe ich nicht, denn die Lage beruhigt sich nach wenigen Sekunden glücklicherweise wieder. Unverzüglich steigt dann aber Tsunamipanik in mir auf (gar nicht mal unbegründet, Tofino ist nämlich Teil der „Tsunami Evacuation Zone") und innerhalb weniger Sekunden packe ich einen Notfallrucksack. Es bleibt glücklicherweise aber alles ruhig, ein paar Minuten später kommt auch noch ein schnieker Hotelangestellter, Typ Wellenreiter, vorbei, gibt Entwarnung bezüglich des Bebens, und so können wir unseren „Urlaub" unbeschwert starten.

Pacific Rim National Park

Wir waren bereits vor zweieinhalb Jahren auf unserer kleinen Westkanadareise hier in der Gegend, aber mangels eines gültigen Nationalparkpasses ist uns damals die Schönheit und Vielfalt des Pacific Rim National Park größten Teils entgangen. Nun wollen wir das alles nachholen und wandern jeden Tag einen anderen der zahlreichen Trails, die uns an steilen Küsten entlang, durch uralte, immergrüne Wälder und zu traumhaften Stränden führen. Zur Stärkung zehren wir tagelang von einem großen Hackfleischeintopf, den Daniel gezaubert hat, oder probieren uns durch die verschiedenen Food Trucks und ihr leckeres Fish-Taco-Angebot. Wo ist der Fang frischer als hier?

Abends beschert uns das unglaublich weiche Licht ganz im Westen des Landes über dem Ozean traumhafte Sonnenuntergänge, die wir, so gar nicht klischeehaft und kitschig, gerne bei Strandspaziergängen genießen. In diesen fünf Tagen können wir sprichwörtlich die Seele baumeln lassen und verbuchen den Aufenthalt hier – das ist ganz sicher – als einen der absoluten Höhepunkte unseres Reisejahres.

Roadtrip durch die Rockies – (m)ein Traum in Weiß

(Daniel)

Emerald Lake

Roadtrip durch die Rockies – (m)ein Traum in Weiß

Ich bin in Kanada und will Winter und Schnee. Richtigen Schnee. Nicht die obligatorischen drei Flocken pro Jahr, bei denen jeder in Panik verfällt und der Straßenverkehr komplett zum Erliegen kommt so wie im heimischen Frankfurt oder hiesigen Vancouver. Und eigentlich möchte ich das auch in den Bergen erleben. So ein richtiges Wintermärchen, mit schweren Beinen vom Schneeschuhwandern vorm prasselnden Kamin in der warmen Stube hockend, während draußen der Wind den Schnee ums Haus peitscht. So sieht das ungefähr aus in meinem Kopf. Und auch Desi habe ich damit schon fast auf meiner Seite. Wenn nur nicht wieder diese Bedenken wären: Mit dem Auto in die Rockies? Zu dieser Jahreszeit? Was da alles passieren kann! Viel zu riskant … Man ist schon ganz schön gefangen in der antrainierten kleinbürgerlichen Angst vor der eigenen Courage. Vielleicht ist es also doch ganz gut, wenn Mann eine Frau hat, die dazu tendiert, sprunghaft Entscheidungen in Frage zu stellen und Pläne zu ändern. Das hält einerseits auf Trab und führt andererseits dazu, dass wir unseren Rocky-Wintertraum doch umsetzen, da wir ja nun nicht auf Vancouver Island housesitten.

Der Plan schickt uns quer durch die kanadischen Rocky Mountains und wieder zurück in den Westen. Zunächst geht es auf dem Yellowhead Highway Richtung Jasper, über den sagenhaften Icefield Parkway weiter nach Banff und schließlich auf dem Trans-Canada Highway über Lake Louise mit einem Stopp im Yoho National Park nach Revelstoke.

Nach unseren super entspannten Tagen in Tofino begeben wir uns früh um sechs auf die Piste. Wir müssen einmal über die Insel zum Fährhafen in Nanaimo. Wer die Strecke kennt, weiß, dass es sich um die reinste Berg- und Talfahrt handelt, und so kommt es ganz gut, dass wir uns auf der Fähre anschließend entspannt langmachen können. Das unfreundliche Wetter lädt ohnehin nicht zu einem Deckspaziergang ein und so werden diesmal auch keine Möwenkriege ausgefochten. Nach dem Anlanden geht es für uns Richtung Kamloops, wieder einmal. Auf dem Weg von Vancouver in die Rockies bieten sich einem aber auch nicht viele Varianten. Wir nächtigen in einem grundsoliden Roadtriphotel und bekommen mit einem halben Meter Schnee schon einen Vorgeschmack auf das, was uns in den nächsten drei Wochen erwarten könnte. In Kamloops soll auch die finale Entscheidung für oder gegen Schneeketten fallen. Wie bei mir üblich, zeitlich maximal aufgeschoben, wägen wir noch immer Pro und Kontra ab, wobei Kontra im Grunde allein aus den relativ hohen Anschaffungskosten bei geringer Nutzungsdauer besteht. Da das Beratungsgespräch am nächsten Morgen bei Canadian Tire aber leider gewohnt unkundig verläuft, haben wir erst recht keine Lust, einen Haufen Geld dort zu lassen und entscheiden uns gegen die Anschaffung. Gleichzeitig erfolgt das gegenseitige Versprechen, im Not- bzw. Schadensfall auf jegliche Vorwürfe zu verzichten. Das nennt man wohl progressive Eheführung, wir sind stolz auf uns. Bis hierhin war die Straße komplett frei und zumindest für die nächsten Tage droht der Wetterbericht auch nicht mit Neuschneemassen. Zudem verfügt unser Explorer natürlich über einen Allradantrieb. Wird schon schiefgehen.

Die Anreise nach Jasper läuft wie geschnitten Brot und sobald wir uns der Ortsgrenze nähern, schlagen unsere Herzen höher. Jasper ist einfach genau unser Ding und es zieht uns immer wieder hierhin zurück! Wir haben ein Souterrainzimmer in einem Bed & Breakfast ohne Frühstück, dafür aber mit Küche ohne Herd gebucht. Das Leben schreibt die merkwürdigsten Geschichten. Darben müssen wir natürlich trotzdem nicht. Wenn unser Raclettegerät gedacht hat, es könne sich nach dem Weihnachtsfest aufs Altenteil zurückziehen, hat es sich getäuscht. Es darf sich in den Folgetagen an Rührei mit Speck, Bratwürstchen und Hamburgern versuchen und erzielt durchaus respektable Ergebnisse.

Die Wapitis von Jasper

Die Unterkunft hat eine Spitzenlage mitten in Jasper, nur wenige Meter bis zu den beiden Hauptstraßen, die, wie schon zuvor erwähnt, so viel ruhiger und gemütlicher ausfallen als in Banff und trotzdem alles bieten, was man braucht. Unser knapp einwöchiger Aufenthalt hält ein Potpourri an Aktivitäten bereit. Gleich am Ankunftstag spazieren wir zum Vertreten der Beine gemütlich vom Ort bis zum Lac Beauvert und bekommen im Handumdrehen eine erneute Bestätigung dessen, was Jasper für uns ausmacht – das Leben von Mensch und Tier in Einklang und völliger Selbstverständlichkeit: Die ortsansässige Wapitiherde macht es sich gerade rund um das Bahnhofsvorfeld gemütlich und überquert vor uns, quasi eine Armlänge entfernt, die Straße, sicher an die vierzig Tiere. Wenige hundert Meter weiter im Wald entdecken wir dann die beiden riesigen Hirschbullen, die wohl keine Lust auf ihren Anhang haben. Sie chillen im Schnee und Desi wird etwas nervös.

Wiederum nur ein kurzes Stück weiter, steigert sich die Nervosität angesichts einer Familie Dickhornschafe auf der Brücke zum Old Fort Point zusehends. Die Tiere lassen sich von uns sowie den passierenden Autos aber überhaupt nicht stören und weichen keinen Meter zur Seite. Wir schieben uns also vorsichtig vorbei und hoffen, dass vor allem die Böcke weiter so entspannt bleiben. Desi findet es mittlerweile ganz schön doof, dass all diese Tiere hier so frei rumlaufen. Ich halte ihr aber zugute, dass für Jasper und Umgebung aktuell eine Pumawarnung besteht, nachdem in den vergangenen Tagen und Nächten mehrfach eine Mutter mit zwei großen Jungtieren um und sogar im Ort gesehen wurde. Da zieht man instinktiv das Genick ein. Die Pumas zeigen an uns jedoch kein Interesse und die Bären schlafen ja gerade sowieso in ihren Winterhöhlen und so bleibt eine Herde kleiner Weißwedelhirsche auf dem Gelände der Jasper Park Lodge unsere letzte Sichtung für diesen Tag.

Der Felsen gehört mir!

In der Jasper Park Lodge feiern wir dann auch standesgemäß bei einem delikaten Käsefondue meinen Geburtstag. Um das wieder abzutrainieren, erfüllen wir Desi einen Kindheitstraum: Schlittschuhlaufen auf einem zugefrorenen See. Für Kinder des Rhein-Main-Gebiets eine verrückte Sache. Schlittschuhe gibt es hier freilich überall zu mieten und der Lake Mildred, eine der beiden freigeräumten Eisflächen, ist fast menschenleer.

Die Eisprinzessin

Es macht riesigen Spaß und einmal Blut geleckt, betreiben wir Lakehopping und testen noch die Eisbahn auf dem Patricia Lake. Dort ist das Eis ungleich naturbelassener, aber das gilt ja auch für mein Talent. Da wir gerade beim Thema Eis sind – wer Jasper im Winter besucht, kommt an einem Ice Walk durch den Maligne Canyon nicht vorbei. Im Sommer das Bett des rauschenden Maligne River, verwandelt sich dieser im Winter zu einer glitzernden Märchenlandschaft, starr vor Eis. Der Ice Walk sollte nicht auf eigene Faust durchgeführt werden, ist nämlich keine ungefährliche Angelegenheit, so dass wir uns hier im Vorfeld die Touranbieter anschauen und beim Familienbetrieb von Joe landen. Ein Volltreffer, wie sich herausstellen soll. Joe sammelt uns eines

Morgens um kurz vor acht an unserer Wohnung ein, es ist noch stockfinster und schweinekalt. Er selbst ist so lässig, wie es nur ein Kanadier sein kann, wir holen noch ein australisches Pärchen ab (Australier und Deutsche findet man in Kanada an jeder Ecke), und schon sind wir komplett und machen uns auf den kurzen Weg zum Canyon. Den Großteil der Fahrt verbringt Joe nach hinten gelehnt, eine Anekdote an die andere reihend. Wir fühlen uns super unterhalten, uns wäre aber etwas wohler, wenn er ab und zu auch mal auf die vereiste und unbeleuchtete Straße schauen würde. Wir kommen jedoch heil am Ziel an, und professionell ausgerüstet mit Gummistiefeln und „Cleats" (Stollen) ist die Führung durch den Canyon spitze und ein absolutes Highlight. Zwischendurch stockt uns kurz der Atem, als Joe, mehr oder weniger beabsichtigt, im Eis einbricht und glücklicherweise einen Meter tiefer auf der nächsten Schicht Halt findet. Er erschreckt selbst kurz, findet es dann aber natürlich total „awesome" und Desi, die ihn schon ertrinkend unterm Eis verschwinden gesehen hat, kostet es einige Mühe und strenge Ermahnung, mich zu bremsen, es ihm nachzutun. Wir klettern hinter gefrorene Wasserfälle, lugen in Höhlen und unter das Eis und hören interessiert zu, was Joe uns so alles über den Canyon zu erzählen hat. Nach zweieinhalb Stunden bringt uns der schweißtreibende Aufstieg wieder hoch auf den Parkplatz und erst jetzt treffen die großen Anbieter mit ihren Bussen ein, während wir den Canyon eben noch ganz für uns hatten. Ein sehr beeindruckendes Erlebnis.

Unser nächster Ausflug führt uns auf eigene Faust am Maligne Canyon vorbei, weiter an den Maligne Lake, ein Pflichtstopp im Jasper National Park. Im Herbst hatten wir hier unseren ersten Elch gesehen, nun ist es ein Kojote am Straßenrand, der frech ins Auto blinzelt und in seinem prächtigen Winterpelz beeindruckt. Richtung Maligne Lake wird der Schnee auch deutlich mehr und auf dem Weg begegnet uns kaum ein Auto, was uns natürlich begeistert.

Maligne Lake

Wir hatten erst überlegt, uns Schneeschuhe zu leihen und auf dem Weg einen vom Ranger des Parkbüros empfohlenen Trail zu wandern, uns dann jedoch für die „normalen" Trails am See entschieden. Vor Ort sehen wir allerdings, dass die Schneeschuhe auch hier die geeignete Wahl gewesen wären. Der See ist tief verschneit, das Bootshaus und die Picknicktische liegen unter dicker Watte und wir stapfen knietief los. Die kleine Mary-Schaeffer-Loop, gerade mal drei Kilometer lang, wird somit zur richtigen Aufgabe und ich beneide Desi um ihr Gewicht, denn ich breche alle zehn Meter bis zum Oberschenkel ein. Es ist aber ein großer Spaß und exakt das, was ich hier gesucht habe. Die kleineren Tannenbäume knicken unter ihrem dicken Schneemantel ein, während die großen Bäume ein gruseliges Knarzen von sich geben. Dazu scheint die Sonne und uns umgibt eine himmlische, nahezu gespenstische, Ruhe.

Tiefschneewanderung

Eine weitere Ranger-Empfehlung nehmen wir an unserem letzten Tag in Jasper wahr und wandern durch das „Valley of the Five Lakes". Unseres ist das einzige Auto auf dem Parkplatz des „Trailhead" und wir tauchen erneut in ein Wintermärchen ein. Wieder kommt es uns zwei Stunden lang vor, als gäbe es nur uns auf der Welt, keine Menschenseele begegnet uns und wir haben dieses Paradies ganz für uns allein. Wir freuen uns über Eiskristalle am Wegesrand, unvergleichliche Panoramen und vor allem über dieses herrliche Stille, die jäh unterbrochen wird, als am letzten der fünf Seen zwei Hirsche vor uns flüchten, die wir vorher gar nicht wahrgenommen hatten – sie uns dagegen wohl schon aus weiter Ferne.

Die knappe Woche in Jasper vergeht wie im Flug und wir sind traurig, als es heißt, wiedermal unsere Koffer und Vorräte zu packen, um uns auf die Weiterreise zu begeben. Die Aussicht auf Banff und die damit verbundene Fahrt über den Icefield Parkway ist jedoch eine gute Medizin. Bei unserer Abfahrt sagt uns noch ein Wapiti Lebewohl, das sich im Vorgarten des Nachbarn an der Hecke gütlich tut. Welch nettes Abschiedskomitee!

Nach dem ruhigen Wetter in den vergangenen Tagen gehen wir davon aus, dass auch der Icefield Parkway frei und problemlos befahrbar ist. Es ist allerdings sehr diesig und bedeckt, so dass sich die Magie der Strecke nicht voll entfalten kann. Viele der reizvollen Stopps sind im Winter außerdem geschlossen und so stellen wir fest, dass die Fahrt im Sommer, oder zumindest bei schönerem Wetter, wesentlich spektakulärer ausfällt. Auch der Halt am Columbia Icefield, dem namensgebenden großen Gletscher, bereitet heute kein Vergnügen. Die Konturen des Eises verschwinden im Nebel und die schon im Sommer steif wehende Brise ist heuer richtig fies. Wir schlupfen schnell wieder in unser treues Gefährt und fahren weiter. Jetzt fängt es auch noch an zu schneien und so wird es auch zum ersten Mal fahrerisch etwas anspruchsvoller. Die Räumfahrzeuge tun jedoch ihren Dienst und mit etwas Konzentration ist es kein Problem voranzukommen, wenn auch langsam, aber mangelnde Zeit ist nun wirklich nicht unser Problem.

In Banff erleben wir dann einen kleinen Kulturschock. Durch die drei umliegenden Skigebiete ist hier auch im Winter richtig Betrieb, und die Straßen im Ort erinnern uns stark an den europäischen Winter. Graubrauner Matsch, vermischt mit Unmengen Rollsplit. Das gefällt uns gar nicht. Unsere Unterkunft befindet sich glücklicherweise etwas außerhalb, am Hang des Tunnel Mountain, dort ist es ungleich ruhiger und weißer, auch wenn wir sehr touristisch innerhalb eines großen Resorts wohnen. Unser Appartement ist voll ausgestattet, das Raclette hat also wieder Pause, wir verfügen sogar über einen Kamin, und zu unserer großen Freude schieben regelmäßig ein paar Maultierhirsche Wachdienst auf unserer Terrasse und lugen neugierig in die Stube.

Wir sind also auch mit Banff gleich wieder im Reinen und unser Aktivitätenplan für die nächsten Tage lässt sich recht motiviert an. Da wir als klassische Flachlandtiroler leider beide keine Skifahrer sind, kommt es uns sehr gelegen, dass Banffs Hausskigebiet Mount Norquay einen Tubing Park anbietet. Rauf auf den Gummireifen und dann runter den Hang. Nachdem Desi auf der Anfahrt wiedermal den obligatorischen inneren Ringkampf mit ihren Ängsten und Bedenken bestehen muss, ist sie auf der Piste kaum zu bremsen. Entgegen unserer Befürchtung ist so gut wie überhaupt nichts los, wir haben die Bahn fast für uns allein und das Wetter ist auch Spitzenklasse.

Tubing Park am Mount Norquay

Johnston Canyon

Ursprünglich hatten wir für unsere Zeit in Banff auch noch einen Langlaufkurs geplant, können uns dann jedoch nicht so richtig dazu aufraffen. Wiedermal stellt sich der Effekt ein, dass man während einer einjährigen Reise nicht jeden Tag „aktiv“ sein kann. Wir lassen es also ruhiger als geplant angehen und begnügen uns mit kleinen Wanderausflügen. Der spektakulärste darunter führt uns in den Johnston Canyon, ebenso gefroren wie der Maligne Canyon in Jasper, hier läuft man aber nicht auf dem Flussbett, sondern auf einem sogenannten „Catwalk“ am Canyon entlang. Ein Guide ist dabei nicht von Nöten (auch wenn er natürlich teuer angeboten wird), die Eindrücke und Aussichten sind dennoch nicht minder atemberaubend.

Nach Banff stehen für uns vier Tage im Yoho National Park auf dem Programm. Die Nationalparks Yoho und Kootenay grenzen direkt an Jasper und Banff und vervollständigen das Quartett. Sie sind jedoch beide wesentlich kleiner, wilder, einsamer und weniger besucht. In Yohos einzigem Örtchen Field, tief verschneit, haben wir uns ein Privatzimmer im glücklicherweise vorhandenen Hostel gemietet und unser Timing ist mal wieder spitze.

Die knapp 170 Einwohner bereiten sich nämlich gerade auf die diesjährige Ausgabe der „Yoho Blow Daze“, eine Art Winterfest, vor, welches am heutigen Samstag startet. Aus jedem zweiten Vorgarten gucken einen lustige Schneemänner an, und ein älterer Herr nimmt stolz wie Oskar unser Lob für das riesige Schneekrokodil in seiner Einfahrt entgegen, dem er gerade den letzten Schliff verpasst. Die Community Hall, etwa 40 Quadratmeter groß und direkt neben unserem Hostel, ist das Hauptquartier des lustigen Treibens und bietet nun drei

Tage eine offene Tür mit Lagerfeuer sowie Chili und Hot Dogs, serviert von den Dorfältesten. Im tief verschneiten und kaum geräumten Ort trifft man immer wieder auf Schneeboccia spielende, rotwangige Menschen. Direkt hinter der Community Hall sind ein paar junge Männer dabei, eine Eisfläche freizulegen, auf der am Abend unter Flutlicht das Eishockeyspiel einer Ortsauswahl gegen ein Team der Parkranger stattfindet.

Wenn das hier gerade nicht der urkanadische Winter ist, werden wir ihn wohl nie mehr zu Gesicht bekommen. Dick eingemummelt und mit einem der seltenen Bierchen in der Hand, schauen wir von der Hostelterrasse dem „Hockey Game" zu und sind mit uns und der Welt im Reinen. Irgendwie erinnert uns das hier total an Bullerbü oder Lönneberga, als wäre das ganze Geschehen der Feder einer kanadischen Astrid Lindgren entsprungen. Am nächsten Morgen fahren wir kurioserweise wieder in den Banff National Park, da wir in Lake Louise eine geführte Schneeschuhwanderung gebucht haben. Im Besucherzentrum treffen wir unseren Guide Joel und haben Glück, dass wir die einzigen Teilnehmer sind. Es wird also eine private Tour und Joel führt uns drei Stunden durch die Wälder, versorgt uns zwischendurch auch mit heißer Schokolade und selbst gebackenen Müsliriegeln. Wir lernen allerhand über Mutter Natur und können jetzt fast schon meisterhaft Tierspuren im Schnee lesen. Auch das „Snowshoeing" selbst geht uns geschmeidig von der Hand bzw. dem Fuß, ist aber auch recht idiotensicher.

Snowshoeing in Lake Louise

Nach den drei Stunden merken wir allerdings, dass wir etwas getan haben, die Beine sind etwas schwer, aber genau so wollte ich es ja auch. Bevor es zurück nach Field geht, nutzen wir den Trip nach Lake Louise zusätzlich für einen Supermarktbesuch, so etwas Exotisches gibt es in Field nämlich nicht. Leider schwingt dann am nächsten Tag das Wetter um, die Wolken hängen in Bodennähe und die Temperaturen pendeln um den Gefrierpunkt. So wechselt es ständig zwischen Schneematsch und Glatteis, und richtig große Action wollen wir uns nicht geben. Doch schon einen Tag später kommt die Sonne zumindest nochmals zeitweise raus und wir wandern einmal um den Emerald Lake, der als einer der schönsten Seen Kanadas gilt.

Über den Wolken in Revelstoke

Die letzte Station unserer Winterreise soll dann Revelstoke sein. Das prosperierende und wirklich nette Skiörtchen liegt auf dem langen Weg zurück nach Vancouver und empfiehlt sich während unserer Recherche für den Trip als lohnenswerter Stopp. Unsere Herberge für die drei Nächte hier ist ein kleines Bed & Breakfast mit Familienanschluss. Papa, Mama, Kind und Hund vermieten zwei Zimmer, die sich ein Bad teilen. Die Atmosphäre ist sehr gepflegt und heimelig, die Menschen nett. Papa ist vor allem sehr, sehr „busy“, wie er niemals müde wird, uns zu erzählen. Hier ein Bed & Breakfast, dort ein Sportgeschäft im Örtchen, Dozent an der Uni, den ganzen Tag sportlich aktiv und nachts dann noch das leidige „Paperwork“ bis zwei Uhr, er hat es schon nicht leicht. Ist aber in der restlichen Zeit natürlich gerne auch noch für uns da. Chefin des B&B‘s ist jedoch Mama, die uns täglich mit frisch gebackenem Brot, selbstgemachtem Müsli und kleinen Frittatas zum Frühstück sowie Cookies am Nachmittag verwöhnt. Wir haben es ganz schön gut getroffen und es fällt uns sehr schwer, tagsüber das warme Nest zu verlassen. Eine kleine Roadtripermüdung lässt sich mal wieder nicht von der Hand weisen. Auf den Tipp unserer Zimmernachbarn hin, ein junges Ärztepärchen aus Freiburg, fahren wir ohne Skier mit der Gondel hoch ins Skigebiet, spektakulär deswegen, weil die Bergstation sich über den Wolken befindet. Zuerst verschwinden wir jedoch im dichten Nebel und kommen auch erst einmal nicht mehr raus. Wir stolpern aus der Gondel und sehen kaum die Hand vor Augen, geschweige denn die Ski- und Snowboardfahrer, die für uns irgendwie ein Hindernis darstellen. Oder ist es vielleicht doch eher umgekehrt? Nun gut, langsam tasten wir uns vorwärts zur Hütte, beratschlagen unsere weitere Vorgehensweise und schon klart es auf. Die Möglichkeiten für Fußgänger sind trotzdem eingeschränkt, wie wir feststellen müssen, aber auf den Pfaden eines platt getretenen Schneeschuhwegs finden wir einen prima Trail und stapfen ein bisschen durch die Landschaft, im ständigen Wechsel von Nebel und klarer Sicht.

An unserem letzten Tag in Revelstoke gönnen wir uns einen Aufenthalt im „Aquatic Centre“, seines Zeichens ein Schwimmbad im schönsten 90er-Jahre-Chic. Es bietet zahlreiche Attraktionen wie „Lazy River“, Whirlpool, Kletterwand und Basketballkorb, so dass wir uns fabelhaft vergnügen können. Tiefenentspannt verabschieden wir uns am folgenden Tag von unseren Gastgebern und begeben uns auf unsere lange Autofahrt nach Vancouver, nicht ohne noch vorher von Mama ein Tütchen Cookies zugesteckt zu bekommen. Kanada, wir mögen Dich!

Streicheleinheiten für die Hunde

The Yukon – Von Nordlichtern und Schlittenhunden

(Daniel)

The Yukon – Von Nordlichtern und Schlittenhunden

Nachdem ich nun mein ganz persönliches Wintermärchen in den Rocky Mountains erlebt habe, bleiben wir im Rhythmus und erfüllen mir einen weiteren lang gehegten Traum: den wilden kanadischen Norden im Winter kennenzulernen. Da unsere Reiseplanung einen längeren Aufenthalt nicht hergibt, haben wir zumindest einen Kurztrip einplanen können, der uns in den rauen, aber überaus herzlichen Yukon führen soll, wo es Karibus in der Überzahl gibt und der Schlittenhund der treueste Freund des Menschen ist.

The Yukon

Der eigenverantwortliche Weg nordwärts in dieser Jahreszeit scheint uns zu waghalsig, unser Auto hat ja gerade erst den Rocky-Roadtrip überstanden, und so geht es per Flugzeug von Vancouver nach Whitehorse, der Hauptstadt des Yukon, in der drei Viertel der insgesamt nur 35.000 Einwohner dieser Provinz leben. Der Wetterbericht klingt vielversprechend. Es wird kalt, sehr kalt und dazu ist klarer Himmel vorhergesagt. Es bestehen somit vermeintlich gute Chancen auf die magischen Nordlichter. Um uns dafür möglichst entspannt auf die Lauer legen zu können, gönnen wir uns für die ersten drei Nächte ein ziemlich gediegenes Obdach in einer kleinen, aber feinen Lodge außerhalb der Stadt. Betrieben wird diese von Jean-Marc und Christiane, einem Auswandererpärchen aus dem französischen Elsass, das sich seinen etwas größeren Yukontraum schon vor einigen Jahren erfüllt hat. Jean-Marc hat sich stilecht ein eigenes Rudel Schlittenhunde, ein sogenanntes „Kennel“, zugelegt und sich mehr oder weniger autodidaktisch zum „Musher“, also zum Schlittenhundeführer, ausgebildet. Christiane hingegen ist für das Innenleben der Lodge zuständig, versorgt die Gäste mit französischem Frühstück und tischt zudem allabendlich ein dreigängiges Menü europäisch inspirierter Hausmannskost auf.

Minus 35 und fallend

Jean-Marc nimmt uns am Flughafen in Empfang und shuttelt uns mit seinem riesigen Pick-up zur Lodge. Unser Gepäck wird im Kofferraum auf Stroh für die Hundehütten gebettet, und ähnlich wie am Nimpo Lake gehört eine gesprungene

Windschutzscheibe auch hier zum Erscheinungsbild des Gefährts. Wie eingangs erwähnt, erwartet uns das Wetter in der Tat extrem winterlich. Selbst für hiesige Verhältnisse ist es dieser Tage außerordentlich kalt, das Thermometer schafft es tagsüber nicht über die minus 30 Grad und knackt nachts sogar die 40 unter Null. Wir, als alte Travelexperten, lehnen dennoch erst mal selbstbewusst die angebotene Mietkleidung ab und spazieren ein kleines Testründchen im eigenen Winteroutfit ums Haus. Nasenhaare und Wimpern gefrieren ad hoc und fast ebenso schnell wird klar, dass hier doch das Profi-Equipment ran muss. Aber probieren geht ja bekanntlich über studieren, einen Versuch war es auf jeden Fall wert.

Die weiteren Gäste in der Lodge sind vier lebhafte amerikanische Ladies zwischen 45 und 70 sowie ein älteres australisches Ehepaar, Dave und Jacky. Insbesondere Dave wird sich in den nächsten Tagen noch als sehr „kommunikativ" erweisen. Nach Karibuwurst, Boeuf Bourgignon und Crème Brûlée wird der Gemeinschaftsbereich verdunkelt und wir legen uns hinter den Panoramafenstern auf die Nordlicht-Lauer. Tatsächlich erscheint gegen elf Uhr ein diffuser Streifen am Nachthimmel und es scheint loszugehen. Nun lernen wir jedoch eine Lektion: Das magische Farbenspiel der Aurora Borealis, die zauberhaft grünen Bilder, kann nur selten komplett vom menschlichen Auge erfasst werden und meist bleibt es der Kamera vorbehalten, die volle Pracht abzubilden. Zudem herrscht Vollmond, der Himmel ist also ziemlich hell und die Polarlichtvorhersage zeigt auf der Skala nur drei von zehn möglichen Punkten. Es bleibt also relativ unspektakulär. Etwas ernüchtert gehen wir zu Bett, sehen aber schon ganz aufgeregt dem nächsten Tag entgegen, denn am Vormittag steht für uns ein Besuch beim Kennel auf dem Programm.

Jean-Marc plaudert aus dem Nähkästchen und führt uns durch das Rudel, so dass wir fleißig Streicheleinheiten verteilen können. Jeder Hund hat seine eigene Story und natürlich seinen ganz eigenen Charakter und es reichen schon wenige Augenblicke, um dies zu erkennen. Dabei gilt es behutsam vorzugehen, die Hunde sind nämlich reine Energiebündel. Jeder hat ein kleines, mit Stroh gepolstertes Hüttchen und ist davor an einer kleinen Stange festgebunden. Sobald wir uns nähern, springen die Hunde auf ihre Hüttchen und wollen gekrault werden. Als für eine kleine Spritztour unsererseits der Schlitten hergerichtet wird, bricht das große Gebelle und Geheule aus. Jeder will mit. Es dürfen aber nur sechs von ihnen ran, die reichen schon für uns beide plus Steuermann Jean-Marc. Die verbleibenden Hunde schauen dann ganz bedröppelt drein. Mittags findet aber nochmals ein mehrstündiges Renntraining statt, da dürfen auch die Daheimgebliebenen sich endlich komplett auspowern. Unsere kurze Fahrt genießen wir sehr, es ist beeindruckend, wie akkurat die Hunde auf das leiseste Kommando des Mushers reagieren, und dick vermummt drehen wir im strahlenden Sonnenschein eine Runde um das wirklich riesige Grundstück.

Ein großes Erlebnis, das wir niemals in unserem Leben vergessen werden. Die Hunde sind einfach faszinierend. Aus unserer Laiensicht überraschend klein und schlank, bestehen sie aus purem Bewegungsdrang und sind perfekte Stoffwechselmaschinen. Deshalb müssen sie auch gute Esser sein. Ihre Wohlfühltemperatur liegt bei 15 Grad unter Null, über dem Gefrierpunkt dürfen sie nur ganz behutsam und kurz laufen, da sonst schnell Überhitzung droht. Im Sommer heißt es für die Hunde demnach relaxen, während ab September nach und nach wieder das Training aufgenommen wird. Der klassische Husky (im Vergleich eher ein großer Hund) wird hier übrigens kaum als Schlittenhund verwendet, in der Regel sind die Hunde speziell gezüchtete Mischlinge. Zufällig entdecken wir, dass just an dem Wochenende unseres Aufenthaltes in Whitehorse der Yukon Quest startet, das größte Schlittenhunderennen Kanadas, von Whitehorse nach Fairbanks, Alaska (oder in geraden Jahren umgekehrt), und wir unsere Eindrücke somit noch vertiefen können. Perfektes Timing ist alles!

Abends geht es wieder auf Nordlichtwache, die lauten Amerikanerinnen verabschieden sich allerdings zeitig, da es für sie am nächsten Morgen sehr früh nach Hause geht. Desi schlägt sich zunächst tapfer, aber ab elf sitze ich mit Dave allein vor den Panoramafenstern und bekomme viele Geschichten erzählt, sehr viele. Ich bin aber ja ein kommunikativer Mensch und sehe es als Englischtraining, der australische Akzent ist dabei die besondere Herausforderung. Trotzdem bleibt Zeit, die nordische Nacht zu genießen, wenn auch heute ohne Aurora Borealis.

Unseren letzten vollen Tag nutzen wir für eine Schneeschuhwanderung. Christiane malt uns einen Trail auf, vom Grundstück hoch auf einen kleinen Hügel, und gut isoliert stapfen wir los. Wieder ist der Himmel strahlend blau und die Luft kristallklar, und da es so gut wie windstill ist, lassen sich auch die minus 33 Grad aushalten. In unseren dicken Mietjacken kommt man sogar fast schon ins Schwitzen. Drei Stunden lang sind die einzigen Geräusche, die wir hören, unser eigenes Knarzen im Schnee sowie die riesigen Raben, die mit bizarren Lauten ihr Revier markieren. Gruselig, wie genau uns die Vögel in Augenschein nehmen und taxieren. Mehr Wildlife bekommen wir darüber hinaus aber nicht zu Gesicht, lediglich die verschiedensten Spuren im Schnee.

Nach einer ausgiebigen Mittagsruhe und dem Abendessen geht es wieder vor die Fenster. Dave wiederholt seine Geschichten vom Vorabend und als sich gegen viertel nach elf tatsächlich was am Himmel tut, hole ich Desi aus dem Bett. Ihr Amüsement hält sich aber in Grenzen, denn leider bleibt der Schleier wieder sehr diffus und löst sich bald in Schwärze auf. Mit den Polarlichtern haben wir also kein großes Glück. Schweren Herzens verabschieden wir uns am nächsten Tag dann von der Lodge, es stehen nun noch zwei Tage in Whitehorse auf dem Programm. Unsere Unterkunft, ein „Historical Guesthouse“ lässt sich treffenderweise als museal bezeichnen. Mangels weiterer Gäste haben wir das ganze Haus (inklusive Küche) für uns und ich darf Feuerchen machen. Eine kurze Stippvisite auf der Main Street, verbunden mit einem Besuch im Supermarkt, wird ziemlich heftig, es ist immer noch unter minus 30 Grad und zudem bläst hier in der Stadt ein starker Wind, so dass es für unsere Gesichter schnell gefährlich werden kann. Eine sehr unangenehme Erfahrung, haben wir nun ja auch keinen Zugriff mehr auf die Spezialkleidung. Wir vermummen uns mit Schals und Tüchern und sind heilfroh, als wir wieder daheim im Museum sind. Die historische Beschaffenheit des Gebäudes lässt schon mal zu, dass im WC die Ersatzklorolle am Fenster festfriert, aber wir haben es im Wohnzimmer dank Kamin kuschelig warm.

Bisschen frisch hier

Mit dem Yukon Quest steht noch ein Highlight auf dem Programm und glücklicherweise ist es dann samstags wieder sonnig und etwas windstiller. So halten wir es auch mit unseren normalen Winterklamotten anderthalb Stündchen draußen aus und wohnen dem Startgeschehen bei. Es ist einiges los und die Kälte sowie die überall aufsteigende Atemluft machen die Atmosphäre ganz besonders. Wir begleiten die ersten zehn Starter lautstark, die Hunde stehen voll unter Strom, und euphorisch stürzen sich die Gespanne unter lauten Anfeuerungen in die anstehenden Strapazen.

Wir beschließen, die unseren zu beenden und machen uns mit einer heißen Schokolade, die sehr schnell lauwarm bis eiskalt wird, auf den Heimweg. Die Internetverbindung in unserer Unterkunft ist übrigens verblüffend schnell, so dass wir uns die Zeit bis zur Rückreise am nächsten Tag gemütlich zu vertreiben wissen. Zweieinhalb Stunden Flug später und 40 Grad wärmer sind wir wieder in Vancouver. Das ist ja fast schon wie Sommer!

Endlich Zeit für Vancouver

(Desirée)

Hafenansichten

Endlich Zeit für Vancouver

Endlich wieder zurück in Vancouver. Die Stadt ist für mich eine Art Heimat in der Fremde geworden, eine Konstante, bei der man nicht den inneren Zwang verspürt, etwas zu unternehmen oder besichtigen zu müssen, sondern einfach mal das Leben an sich vorbeilaufen lassen und durchatmen kann. Vor allem sagen mir die Temperaturen hier wesentlich besser zu, mir reicht es mit Winter!

Bereits nach unserem Rockies-Roadtrip hatten wir hier wieder Quartier bezogen, wenn auch nur für wenige Tage, denn dann ging es ja auf Daniels Wunsch in den Yukon. Nun sind wir zurück und unsere neue Bleibe befindet sich in einem Wohngebiet im östlichen Vancouver, zwischen den beiden angesagten Hipsterstraßen Main Street und Commercial Drive. Wir wohnen in einer Souterrainwohnung, die glücklicherweise aber sehr viel heller ist als diejenige damals in Toronto, und beschäftigen uns hier überwiegend mit dem Erkunden der Stadt, wozu wir ja in der Weihnachtszeit nicht so viel Gelegenheit hatten, und auch schon mit dem Sortieren sowie Ausmisten unserer Habseligkeiten, denn es geht unwiderruflich auf die Zielgerade unserer Reise. So langsam müssen wir mal einen Überblick bekommen, was wir alles haben, was wir nicht mehr brauchen und was weg kann. Einiges versuchen wir über entsprechende Travellergruppen sozialer Netzwerke sowie über Craigslist zu veräußern und erwirtschaften uns so mit Nationalparkpässen, Reisefön, Reiseführer und Bärenspray ein kleines Taschengeld. Auch unser heiß geliebtes Auto muss nun dran glauben, obwohl uns

Spaziergang an der Seawall

dieser Abschied wirklich schwer fällt. Unser treuer Gefährte hat uns doch so zuverlässig durch die Weiten Kanadas und die Tiefen des Hinterlandes kutschiert. Unser Ford Explorer war nicht nur Beförderungsmittel, sondern auch Schlafzimmer, Wohnraum und Lagerstätte. Doch es ist unaufhaltsam – unser letzter großer Roadtrip ist beendet und somit haben wir keine sinnvolle weitere Verwendung für unseren kleinen großen Freund. Und nicht zuletzt versprechen wir uns eine ordentliche Teilerstattung unserer Kfz-Versicherung für die drei verbleibenden Monate des bezahlten Versicherungsjahres, die wir nun nicht mehr nutzen werden. Unsere nächsten Ziele Florida und Hawaii bereisen wir per Flugzeug und Schiff und in der Stadt braucht man nicht zwingend einen fahrbaren Untersatz. Zu den Ausflugszielen vor den Toren Vancouvers gelangt man auch ganz gut mit öffentlichem Nahverkehr. Es steht also fest: So weh es tut, die Karre muss weg! Gekauft war das Auto relativ schnell, der Verkaufsprozess wird aller Voraussicht nach etwas aufwendiger. Jede Provinz kocht ja bekanntlich ihr eigenes Süppchen und das gilt auch im Bereich der Kfz-An- bzw. Ummeldung. Man kann nicht einfach mit einem in Nova Scotia gemeldeten Fahrzeug hier in BC ankommen und es verkaufen, nein, dafür muss das Auto erst einmal einen Out-of-Province-Check bestehen und für diesen gilt: Alles, was vorhanden ist, muss auch funktionieren! Unabhängig davon, ob es sicherheitsrelevant ist oder nicht. An sich sehr löblich und sicherheitsbewusst, doof nur, dass mit zweierlei Maß gemessen wird, denn in der Provinz bereits gemeldete Autos können beliebig weiterverkauft und umgemeldet werden, da interessiert es nicht, ob sie vor lauter Rost beinahe auseinanderbrechen. Hilft ja alles nichts. Um den potenziellen Käufern die Kaufentscheidung leichter zu machen, entschieden wir uns daher schon während unserer Zeit auf Vancouver Island, den notwendigen Check durchführen zu lassen und fuhren mit dem Explorer an einer Werkstatt vor. Die Nachricht, die wir dort ein paar Stunden später erhielten, war recht niederschmetternd, denn es hätte einiges getan werden müssen, bevor der Check als „bestanden" anzusehen gewesen wäre. Die Kosten waren nicht abzusehen, insbesondere die Tatsache, dass das Airbaglicht leuchtet (wir hatten es bei zwei Werkstattaufenthalten jeweils instand setzen lassen, es kam aber immer wieder nach wenigen Tagen zurück), hielt uns davon ab, die notwendigen Reparaturen und Verbesserungen an Ort und Stelle vornehmen zu lassen. Bringt ja nix, wenn der erwartete Verkaufspreis unter den etwaigen Werkstattkosten liegt. Dann müssen wir die Inspektion plus Reparaturen eben auf die Käufer abwälzen und diesen dafür wohl oder übel mit dem Kaufpreis entgegenkommen. Zum erneuten Male ärgern wir uns an dieser Stelle über uns selbst: Warum hatten wir überhaupt nicht gehandelt, als wir unseren heißgeliebten Ford Explorer gekauft haben? Dann hätten wir jetzt nicht so einen großen Wertverlust. Aber Geld ist halt auch nicht alles und wir sind ja umso froher, dass uns das Auto safe and sound überall hingebracht hat ohne zu mucken. Es stellt sich nun also die nächste Frage: Über welchen Kanal wollen wir unser Auto verkaufen? Ehemalige Weihnachtsmarktkollegen zeigen Interesse, gleichzeitig inserieren wir aber auch in den Work&Travel-Gruppen auf Facebook, hierüber hatten wir seinerzeit auch unseren Kauf angebahnt. Außerdem informiere ich mich in einem schier endlosen E-Mail-Austausch sowohl bei der Zulassungsstelle in Nova Scotia als auch in British Columbia über die weitere Vorgehensweise. Wir wollen ja schließlich auf alles vorbereitet sein und uns unnötigen Hickhack beim Verkauf möglichst ersparen. Wenn wir schon die Last des Out-of-Province-Checks auf die Käufer abwälzen, so wollen wir ihnen wenigstens die Bürokratie erleichtern. Denn natürlich ist auch hier alles wieder anders. Mussten wir in Nova Scotia noch zwischen Zulassungsstelle und Versicherungsbüro hin- und hergondeln, so kann in Vancouver alles zentral bei einem Versicherungsbüro gemacht werden, das eine Zulassung zur Zulassung hat. Autoplan Broker schimpft sich das dann. Schnell melden sich die ersten Interessenten und wir treffen diverse von ihnen für eine Probefahrt. Den meisten ist diese ganze Geschichte dann jedoch zu unsicher. Klar, unser Preis ist super fair und das Auto macht einen formidablen Eindruck, aber wenn man hier keinen Mechaniker kennt, der da mit dem Check was drehen kann, sind die Kosten nicht absehbar und überhaupt das ganze Prozedere zu aufwendig. Ganz ehrlich – können wir verstehen. Aber trotzdem wollen wir die Karre loswerden, als Ziel haben wir uns dafür Mitte Februar gesetzt, da fliegen wir nämlich noch mal ganz spontan für ein paar Tage nach Florida, um meine Eltern zu treffen.

Wir sind ganz schön herumgekommen

Wie es das Schicksal dann so will, werden uns tatsächlich just in time zwei ernsthafte Interessenten, Flo und Carina, geschickt. Ebenfalls ein Work&Travel-Pärchen aus Deutschland, ebenfalls „ein bisschen älter“ und ebenfalls froh, schnell ein Auto zu finden. Die Probefahrt läuft gut, das anschließende Gespräch auch, die beiden lassen sich nicht von den unvorhersehbaren Kosten des Checks einschüchtern und geben uns noch am selben Abend grünes Licht – sie wollen das Auto kaufen. Feuerwerk! Konfetti! Fanfaren! Wir verabreden uns für montags (einen Tag vor unserem Abflug nach Florida) bei einem Versicherungsbüro, welches sich die beiden herausgeguckt haben, um das Geschäft dingfest zu machen. Obwohl wir ja, wie wir denken, alles bis ins kleinste Detail vorbereitet haben, sind wir, insbesondere ich, doch ein bisschen aufgeregt, ob alles glatt läuft. Laut Vince (mittlerweile per E-Mail mein bester Freund bei der provinziellen Zulassungsstelle ICBC) geht das so in Ordnung, dass das Auto erst verkauft wird und dann zum Check geht. Nur letztendlich zugelassen auf die neuen Besitzer kann es erst werden, wenn der Check bestanden ist.

Flo und Carina warten bereits am vereinbarten Treffpunkt und gemeinsam betreten wir das Versicherungsbüro, indem wir von Bernadette, einer älteren Dame mit wirrem Haar, begrüßt werden. Ich trage unser aller Anliegen vor und wir nehmen an ihrem Schreibtisch Platz. Wir haben alle notwendigen Unterlagen dabei, sind ja schließlich, so denken wir, auf jede Eventualität vorbereitet. Doch schon nach wenigen Sekunden stutzt Bernadette, denn sie weiß nicht, wo unsere Führerscheinnummer auf dem entsprechenden Dokument zu finden ist. Wir sind ihr gerne behilflich, da entdeckt sie, dass wir deutsche Staatsbürger sind. Was? Deutsche? Sie selbst sei ja ursprünglich aus der französischen Schweiz ... so was aber auch. Aber das hätte sie ja wirklich nicht gedacht. Von unserem Akzent her war sie sich sicher, wir würden aus Island kommen! Wir lächeln freundlich und lassen sie weiter ihres Amtes walten. Sie breitet ein großes Formular aus, für das sie unsere Daten und die der Käufer benötigt und stutzt dann erneut, als sie den Kaufpreis hört. Dieser erscheint ihr viel zu niedrig. Ich erkläre, dass es sich schließlich um ein sehr altes Auto handelt und dass die Käufer dafür die Kosten für den Check zu tragen haben. Ja, das findet sie auch komisch. Das ist eigentlich nicht Usus. Normalerweise macht das der Besitzer, bevor er den Wagen veräußert. Bei uns ist es aber anders, das teile ich ihr mit, und sie fragt dann, ob die Käufer das wüssten und sich dessen bewusst seien, dass da zusätzliche Kosten auf sie zukommen? Flo und Carina nicken brav und sie wirkt beruhigt. Gerade erst besänftigt, treten nun jedoch Computerprobleme auf. Bernadette weiß nicht mehr, was sie machen soll und ruft etwa fünfmal bei den Fachleuten der ICBC an. Wir bedienen uns derweil mal am Lolliglas, das kann ein langer Vormittag werden. Es geht hin und her, immer wieder gibt sie die gleichen Daten ins System und immer wieder bekommt sie auch dieselbe Fehlermeldung. Kollegen werden eingespannt, so dass parallel gearbeitet werden kann, aber irgendwie bringt das alles nichts. Irgendwann stellt sich heraus, dass sie nicht weiterkommt, weil das Auto angeblich schon in British Columbia registriert sei. Mir dämmert, dass das noch von den Vorbesitzern herrühren kann und ich lasse Bernadette an meinen Gedanken teilhaben. Mittlerweile sind 75 Minuten vergangen und alles geht noch einmal auf Anfang. Bernadette hackt weiter auf ihrer Tastatur herum, aber dann stimmt schon wieder etwas nicht, denn das Auto war doch noch gar nicht beim Out-of-Province-Check! Verzweifelt versuche ich ihr verständlich zu machen, dass wir ihr doch genau dies am Anfang schon mitgeteilt haben. Echt? Bernadette schüttelt den wirren Lockenkopf. Und wieder ruft sie bei ICBC an und bespricht sich mit den Kollegen. Uns werden in der Zwischenzeit zum dritten Mal Kaffee und Wasser angeboten. Dann legt sie den Hörer auf und teilt uns mit, dass das alles nicht so geht, wie wir das vorhaben. Laut ICBC könne das Auto jetzt noch nicht versichert werden, ich beharre aber auf den E-Mail-Verkehr mit

Vince (der hat mich doch wohl nicht belogen und betrogen, mein neuer bester Freund!) und werde dann zum benachbarten Starbucks (hier gibt es WLAN) geschickt, um eben diesen Mailverkehr von meinem Handy ins Versicherungsbüro zu schicken. Als ich zurückeile, liegt die E-Mail ausgedruckt auf dem Tisch und Bernadette sowie ihr Vorgesetzter bestehen darauf, dass ich das falsch verstanden habe. Letztendlich handelt es sich um ein Wort, das ich aus der E-Mail von Vince falsch wiedergegeben habe und deswegen haben sie angeblich alles ganz anders verstanden. Manno, ich bin doch Deutsche bzw. Isländerin, die können doch nicht alles so auf die Goldwaage legen. Letztendlich geht dann aber alles seinen Gang. Die beiden bekommen die Versicherung nur für die Tage, in denen das Auto in der Werkstatt ist, sowie temporäre Kennzeichen. Mehr wollten wir doch auch gar nicht. Dennoch kann es sich Bernadettes Vorgesetzter nicht verkneifen, mich darüber in Kenntnis zu setzen, dass das Auto offiziell noch auf uns zugelassen ist, falls die Käufer vor den eventuell zu hohen Werkstattkosten zurückschrecken und es dann doch nicht haben wollen. Das macht mir jetzt natürlich Angst und mit einem mulmigen Gefühl verabschiede ich mich von Flo und Carina, die versprechen, sich zu melden, sobald das Auto aus der Werkstatt ist, wo sie jetzt umgehend hinfahren. Nicht, ohne uns vorher noch den vereinbarten Kaufpreis in bar zu bezahlen. Genau wie wir damals – ohne zu handeln – war unser Preis etwa zu niedrig? Hätten wir noch viel mehr rausholen können? Stopp! Aufhören damit! Wir sind alle glücklich und zufrieden, das ist doch die Hauptsache! Sind denn wirklich alle glücklich? Wir sind nun zwar um ein paar Hundert Euro reicher, aber dennoch mache ich mir Sorgen, dass noch etwas schief gehen könnte. Frau kann halt nicht aus ihrer Haut. Daniel beschwichtigt mich, wird schon alles gut gehen. Wir kümmern uns erst einmal um unsere weiteren bürokratischen Pflichten, schicken das Abmeldeformular an die Zulassungsstelle in Nova Scotia, informieren unsere Versicherung, dass das Auto nicht länger auf uns läuft, und bitten damit einhergehend um eine Rückerstattung der nicht in Anspruch genommenen Versicherungsmonate. Am nächsten Tag fliegen wir nach Florida und so richtig relaxen kann ich erst, als dann nach einer langen Woche die Nachricht eintrifft, dass alles gut gelaufen und das Auto nun auf die beiden neuen Besitzer zugelassen ist. Leider wurde auf dem Werkstattparkplatz jedoch in das Auto eingebrochen und die Rucksäcke der beiden geklaut. Was für ein Glück wir doch hatten in den ganzen letzten Monaten. Von diversen selbstverschuldeten Abgängen aus der Dachbox mal abgesehen, ist uns nichts abhanden gegangen oder gar geklaut worden. Meine Erleichterung über den guten Ausgang des Autoverkaufs wandelt sich dann nach unserer Rückkehr aus Florida in ekstatische Freude, denn ein Brief unserer Kfz-Versicherung mit beigefügtem Scheck verkündet, dass die Rückerstattung wesentlich höher ausfällt als erwartet.

Da wir nun ja kein Auto mehr haben, das uns von A nach B bringt, nutzen wir, zusätzlich zu unseren Füßen, auch das erste Mal den öffentlichen Nahverkehr der Stadt und hier insbesondere den Bus, der mehr oder weniger vor unserer Haustür abfährt. Der Bus bringt uns per Direktverbindung nach Downtown, das dauert eine halbe Stunde und bei jeder Fahrt lernen wir wieder etwas Neues dazu. Busfahren funktioniert irgendwie überall anders. In Vancouver muss man das Fahrtgeld abgezählt mit sich tragen, die Maschine im Bus gibt kein Wechselgeld. Das ist natürlich relativ nervig und so steigen wir sehr schnell (nämlich nach der ersten Fahrt) auf ein Ticketstreifensystem um. Nahezu in jedem Supermarkt, Drugstore oder im Zeitschriftenladen bekommt man die 10er-Tickets, die einem erlauben, bargeldlos, da schon vorab bezahlt, Bus zu fahren. Im Bus selbst gibt es sehr viel Platz für Kinderwagen, Rollstühle, etc. zulasten der Sitzplatzanzahl. Hat man dann doch mal einen Sitzplatz in der Rushhour ergattert, so muss man ihn wieder aufgeben, sobald jemand Älteres den Bus betritt und sich suchend umschaut. Das scheint ein zwar ungeschriebenes, dennoch gut funktionierendes Gesetz zu sein und macht ja auch Sinn. So kann man während einer Busfahrt aber auch einem dynamischen Bäumchenwechsel-dich-Spiel zuschauen. Auch der Kontakt zum Busfahrer kann fast schon als freundschaftlich beschrieben werden. Bei unserer allerersten Busfahrt geben wir uns gleich als Rookies zu erkennen, worauf hin uns der Busfahrer in ein Gespräch verwickelt, in dem wir wieder mal unsere ganze Reisegeschichte zum Besten geben müssen. Das Gespräch würde sich wahrscheinlich über die ganze Fahrt erstrecken, wenn wir nicht Kinderwagen, Rollstühlen und älteren Menschen Platz machen müssten. Als wir den Bus dann wenige Minuten später durch die Hintertür verlassen, rufen wir dem Fahrer noch ein freundliches „Thank you" zu. Das macht man hier halt so. Wir sind ja schließlich in Kanada.

Blick auf die Stadt vom Lighthouse Park

Die Anzahl unserer Tage in Vancouver nimmt nun stetig ab und so versuchen wir, noch einige Ausflüge zu unternehmen und treffen auch wieder auf unsere liebe Weihnachtsmarktkollegin Mavie, mit der wir schon Heiligabend gemeinsam begangen haben. Unsere Stadtfluchten führen uns zunächst in den Lighthouse Park in West Vancouver. Es handelt sich hierbei um einen hügeligen Wald mit mehreren kurzen Wanderwegen samt Leuchtturm. An diesem, für Vancouver so untypisch sonnigen Sonntagnachmittag scheint die ganze Stadt hierher gekommen zu sein, auf dem Parkplatz herrscht ein heilloses Durcheinander und auch die Spazierwege sind gut gefüllt. Verschiedene Aussichtspunkte gewähren fantastische Blicke auf die Skyline, das Burrard Inlet, Bowen Island sowie auf ganz viel glitzerndes Wasser. Wir lassen uns Zeit, genießen mal hier, mal dort den Fernblick und spazieren gemütlich durch den Park.

An einem ebenso sonnigen Tag verschlägt es uns in den Queen Elizabeth Park im südlichen Vancouver, den wir von unserer Wohnung in Mount Pleasant per pedes erreichen können. Der Weg dorthin führt über die quirlige Main Street mit ihren kleinen Lädchen und Cafés und, da heute Samstag ist, auch an einem Farmers Market vorbei, auf dem wir uns stärken können.

Im Queen Elizabeth Park befindet sich der höchste Punkt der Stadt und von dort hat man einen tollen Blick auf Downtown Vancouver sowie West und North Vancouver am gegenüberliegenden Ufer. Wie es für nordamerikanische Parks typisch zu sein scheint, durchzieht ein gut ausgebautes Straßennetz die Anlage, die Anzahl der Spazierwege dagegen ist überschaubar. Oben angekommen, wird man aber nicht nur mit hervorragenden Aussichten belohnt, man kann sich auch auf eine Bank in der Sonne setzen und den Wasserspielen zuschauen, in der Bloedel Conservatory auf engstem Raum Palmen bestaunen, auf der Terrasse des hiesigen Restaurants die Aussicht und Leckereien genießen oder durch die Quarry Gardens flanieren.

Gemeinsam mit Mavie erkunden wir dann noch die Gegend rund um die UBC (University of British Columbia) mit dem dazugehörigen Pacific Spirit Park, bei dem es sich um ein idyllisches Ausflugsziel mit vielzähligen Wanderwegen handelt. Es ist fast schon langweilig, aber auch an diesem Tag ist der Himmel blau, die Sonne gelb; um das Ganze etwas abwechslungsreicher zu machen, ist der Wind aber frisch. Da wir im Anschluss an unsere kleine Wanderung noch mit Mavies Freundin bei einem Flohmarkt auf dem UBC-Campus verabredet sind, entscheiden wir uns für eine kleinere Runde, die uns durch den Wald zum Burrard Inlet führt. Hier werden die obligatorischen Skylinefotos geschossen, bevor

Abschiedsstimmung in Vancouver

es weiter geht in Richtung Unigelände. Wir sind fleißig am Schnattern und haben uns viel zu erzählen, so vergeht die Zeit wie im Flug. Das Unigelände selbst besticht durch seinen typisch kanadischen Charme. Wer hier einen opulenten Campus à la US-Ostküste erwartet mit roten Backsteingebäuden, der wird eines Besseren belehrt. Das Gelände ist riesig, die Gebäude auch, und unhübsch sind sie obendrein. Der Flohmarkt weiß nicht zu überzeugen und so steigen wir relativ schnell wieder in den Bus, um uns wieder nach East Vancouver, unsere derzeitige Heimat, kutschieren zu lassen.

Dieser zweite längere Aufenthalt in Vancouver beschert mir dann auch prompt meinen nächsten Arztbesuch in Kanada, nachdem ich im Dezember ja schon mal das Vergnügen hatte. Und dafür kommt im Prinzip nur eine Walk-In Clinic in Frage, denn mit dem Work&Travel Visum haben wir, krankenversicherungstechnisch gesehen, Touristenstatus und daher extra eine einjährige Auslandsversicherung abgeschlossen. Beim Besuch einer Walk-In Clinic zahlt man, noch bevor man einen Mediziner zu Gesicht bekommt, die Behandlungsgebühr und reicht dann im Anschluss den Beleg sowie eventuelle Rezepte und Apothekenrechnungen bei der Versicherung ein. Hier haben wir mit der Wahl unserer Versicherung wohl ein glückliches Händchen bewiesen, denn nach meinem ersten Arztbesuch hatte ich relativ flott alle angefallenen Kosten erstattet bekommen. Nun muss ich jedoch wegen meiner empfindlichen Haut, die schon seit Mitte Oktober rebelliert, zum Arzt. Eigentlich möchte ich gerne zum Dermatologen, aber der Besuch eines Facharztes ist hier nur per Überweisung möglich und zudem scheint es kaum einen regulär praktizierenden Hautarzt in Vancouver zu geben. Googelt man „Dermatologist Vancouver“ erhält man zahlreiche Adressen für Botoxbehandlungen oder Lifting. Das ist momentan nicht ganz das, was ich suche und brauche. Also muss auch hier die Walk-In Clinic herhalten, in der mir glücklicherweise gut geholfen wird. Dass ich allergisch auf das Antibiotikum reagieren und dann am ganzen Körper Ausschlag bekommen werde, kann der gute Onkel Doc natürlich nicht wissen. Er verschreibt mir allerhand Vitamine, Tabletten und Cremes und ich lasse einen ordentlichen Batzen Geld im Drug Store, den die Versicherung mir wiederum zuverlässig zurückzahlt.

So langsam sickert die Erkenntnis ein, dass sich unser Reisejahr dem Ende zuneigt. Gemischte Gefühle meinerseits. Ich freue mich auf Freunde, Familie und unser Zuhause, aber viel zu groß ist die Angst, innerhalb kürzester Zeit wieder im sogenannten Hamsterrad abzustrampeln, sich von den Anforderungen des Umfelds schnell überfordert zu fühlen. Doch die Vorfreude darauf, wieder eine Aufgabe zu haben, lässt sich auch nicht von der Hand weisen. Gerade in Zeiten wie jetzt, wo wir nicht arbeiten, aber auch nicht von A nach B reisen, wünscht man sich einen Alltag und freut sich wieder auf eine monatliche Gehaltsabrechnung. Und wenn uns alles zu viel wird, dann packen wir einfach wieder die Koffer ...

Zum Abschied winkt das Maple Leaf

Goodbye und Auf Wiedersehen!

Goodbye und Auf Wiedersehen!

Da sitzen wir nun im Flugzeug und schauen der Sonne beim Untergehen zu, während wir über den großen Teich gen Osten fliegen. Das soll es also schon gewesen sein? Elf Monate Kanada, gefühlt wie im Nichts verpufft?!

Nachdem wir im März drei Wochen in Hawaii waren, haben wir die letzten Tage wieder in Vancouver verbracht und diese in vollen Zügen genossen. Da der Mensch (und insbesondere wir) ein Gewohnheitstier ist, haben wir es uns in derselben Wohnung wie zu Weihnachtsmarktzeiten gemütlich gemacht. Neben dem Packen, Ausmisten und der Erledigung letzter Behördengänge haben wir es uns kulinarisch gut gehen lassen, waren beim Fußball, im Kino und im Musical. Uns war zwar klar, dass die Heimreise vor der Tür steht, richtig bewusst wurde uns das aber irgendwie nicht. Und jetzt fliegt das vergangene Jahr in Fetzen an uns vorüber: unsere Ankunft in Nova Scotia, der erste Arbeitseinsatz in Ottawa, die aufregenden Roadtrips, Helikopterfliegen in Alaska, die Einsamkeit und Wildnis am Nimpo Lake, der Weihnachtsmarkt in Vancouver, die Schlittenhunde im Yukon, unser Wintertrip durch die Rockies … Kaum zu glauben, was wir alles gesehen und erlebt haben. Wir haben mal mehr und mal weniger interessante Menschen kennengelernt, ungeschminkte Einblicke in den kanadischen Alltag erhalten, unsere familiären Bande gefestigt, atemberaubende Landschaften entdeckt und hautnah erlebt, welch große Wunder die Natur hervorbringt. Eine unvergleichliche Zeit liegt hinter uns und wir könnten sofort noch mal von vorn starten.

Rückblickend betrachtet, müssen wir schmunzeln über die vielen, vielen Gedanken, die wir uns im Vorfeld gemacht haben. Verrückt, dachten wir – und viele andere auch – sei unser Vorhaben. Nein – verrückt wäre es gewesen, es nicht zu machen. Auf diesen einfachen Nenner kann man es bringen. Alles ist gut gegangen. Natürlich gab es Krisen und Enttäuschungen, man reist ja selten in Watte gepackt und das Leben mit all seinen Höhen und Tiefen nimmt keine Rücksicht auf „wenig work, viel Traveller", aber dessen waren wir uns von vornherein bewusst.

Was hatten wir denn überhaupt erwartet? Wir wollten unserem Leben einen neuen Reiz geben. Wir wollten Abenteuer, Neues sehen und in den Tag hineinleben. Frei sein, spontan entscheiden, wohin und wie lange. Was natürlich in der Praxis nicht so einfach ist. Immer wieder kommt man an den Punkt, an dem man sich damit befassen muss, wo es als Nächstes hingeht, was einen dort erwartet, was man benötigt und woher man das bekommt. Und so „verplant" man sich natürlich doch wieder und ist weniger flexibel. Ohnehin wurden nicht alle geschmiedeten Pläne Wirklichkeit und nicht alle getätigten Buchungen umgesetzt. Wir haben diverse Flüge umgebucht, einen Arbeitseinsatz zugunsten von mehr

Reisezeit abgesagt, Aufenthalte verlängert, verkürzt oder gestrichen. Auch haben wir natürlich bei Weitem nicht alles erlebt, was auf unseren imaginären Listen stand. Desi ist nicht mit einem Wasserflugzeug geflogen, Daniel hat beim Wandern keinen Grizzly getroffen, wir haben nicht Skifahren gelernt und so weiter und so fort. Auch ist die Liste mit den Orten, die wir unbedingt noch besuchen möchten, nicht kleiner geworden. Die Orte heißen jetzt nur anders.

Die bisher erlebnisreichste Zeit unseres Lebens liegt nun (leider) hinter uns, die Erfahrungen, die wir gemacht haben, kann uns aber keiner mehr nehmen. Es sind keine großen Erkenntnisse, die wir gewonnen haben, wohl aber mehrere kleine. Vieles sehen wir nun differenzierter, entspannter oder auch kritischer, und für das Leben daheim nehmen wir einige Ansätze mit. Ob und inwiefern sich diese in den Alltag übertragen lassen, bleibt abzuwarten. Sehr befreiend war für uns auf jeden Fall die Erkenntnis, wie wenige Dinge man wirklich „braucht". Ein Jahr lang haben wir aus dem Koffer gelebt, sind mit kleiner Garderobe hervorragend ausgekommen, haben mit einfachsten Zutaten und begrenzten Mitteln lecker gekocht, unzählige Betten „schlafbar" gemacht und wurden zu Meistern der Improvisation – in vielerlei Hinsicht.

Haben wir die Entscheidung, unsere Zelte in Frankfurt temporär abzubrechen, je bereut? Keine Sekunde! Auch wenn wir es zwischendurch schwer hatten – oder es uns selbst schwer gemacht haben, wenn doch mal das Heimweh ausbrach, und wenn man wieder mal in ein ungastliches Bett schlüpfen musste, können wir nur jedem bedingungslos dazu raten, diese Erfahrung zu suchen. Es lohnt sich so sehr. Und der Zeitpunkt ist niemals falsch. Man hat immer die Möglichkeit, seine Richtung zu ändern und einen neuen Weg einzuschlagen und für jedes Problem findet sich eine Lösung, verblüffenderweise oft sogar von selbst.

Das große Abenteuer Kanada ist nun also vorbei, jetzt heißt es wieder „Hallo Alltag". Wir freuen uns sehr darauf, all unsere Lieben wiederzusehen und die eigenen vier Wände mit Leben zu füllen, aber ein bisschen Wehmut kommt natürlich auf. Wir sind gespannt, was das Leben in Deutschland nun für uns bereithält: Wie geht es beruflich weiter, wie entwickelt sich die Familienplanung, Eigenheim oder Mietwohnung, feste Rückkehr in die „Norm" oder doch nochmals ausbrechen? All das wissen wir zum jetzigen Zeitpunkt nicht, aber es gibt dafür auch keine Frist. Alles wird sich fügen, irgendwie. Wie philosophierte ein „wenig work, viel Traveller" vor Kurzem noch im Eifer des Gefechts und im Gespräch mit einem Canuck: „What happens happens, what not not!" Und genau so ist es auch.

Und wenn es doch ganz arg kommt, packen wir einfach wieder unsere Taschen und machen uns auf den Weg. Die nächste Reise kommt. Ganz bestimmt!